讓生命潛能 帶你探索心靈世界的真、善、美
Life Potential Publishing Co., Ltd

療癒破碎的心

You Can Heal Your Heart

finding peace after a breakup, divorce, or death

一個故事的結束，
代表著另一個故事的開始。
愛永遠不會消失，
療癒讓我們在人生的轉折處，
勇往向前。

露易絲．賀 Louise L. Hay & 大衛．凱斯勒 David Kessler◆著
謝明憲◆譯

目錄

書寫緣起

——傷痛是生命的本質，無法完全治癒

本書的宗旨，在於探討當我們遭逢諸如分手、離婚或喪親之痛時，所經歷的傷痛過程及其療癒之道。要走過傷痛，確實並非易事；但使傷痛變得更加難以承受的，往往是我們的想法。我們期盼本書能擴展你的思維和覺察，使你在遭逢失落之際，同時也能將愛與了解帶入其中；使你能全然地感受傷痛，但不會深陷於悲傷與痛苦之中。

事實上，傷痛是無須對治的，因它乃是生命的本然現象，而且就靈性而言，根本沒有「失去」這一回事，因為它明白：人生的每個故事，總是有開始、也有結束，但其中的愛是永遠不會消失的。我們期待書裡所寫的隻字片語，能在人生的旅途上，一路帶給你平安與慰藉。然而在必要時，你還是應該尋求專業的協助，而不能僅靠書籍的閱讀。願你獲得滿滿的愛與療癒。

——露易絲與大衛

序

——失去與傷痛是完全不同的兩碼事

我大半輩子都在從事傷痛這一領域的研究，並且有幸出版了四本相關的書籍，其中包括兩本與「臨終關懷之母」伊麗莎白．庫伯勒—羅斯（Elisabeth Kubler-Ross）共同撰寫的著作。羅斯女士是知名的精神科醫師，同時也是生死學的經典之作《論死亡與臨終》（*On Death and Dying*）一書的作者。我在演講時，不斷地有人問：「傷痛的研究是不是也適用於離婚的狀況？」甚至在派對上，那些恢復單身的人會找上我，並且問：「您能幫個忙嗎？我剛分手了，聽說您懂很多關於傷痛的事。」

這往往會提醒我，自己所做的傷痛研究，不論分手、離婚或生離死別的狀況統統可以適用。事實上，不論造成失落的原因或內容是什麼，失去的歸失去，傷痛的歸傷痛，它們是完全不同的兩碼事。不知有多少次，人們疾言厲色地向我傾吐他們分手或離婚的故事，此時，我總是想起友人也是全球暢銷書《創造生命的奇蹟》（You Can Heal Your Life）的作者露易絲女士（Louise Hay）常說的一句話：「要注意你的思維。」

由於新書《其實，那個世界很美》（*Visions, Trips, and Crowded Rooms*）的出版，我應邀到賀氏書坊（Hay House）的會議中演講。雖然我的書是委由露易絲女士的出版公司出版，但我好幾年沒見過她了，很期待能彼此見個面，於是我們打算演講結束後一起聚餐。

演講進行幾分鐘後，聽眾有一些狀況，我發現他們在低聲地交頭接耳。我完全不曉得發生了什麼事，只好繼續演說，後來我才明白，原來當時是露易絲女士入場就座引起的騷動。儘管她極力保持低調，她渾身散發的充沛能量卻怎麼也擋不住。

用餐時，我們聊到彼此認識的朋友及近況，接著她說：「大衛，我一直在想，當我離開人世的那一刻，我想要你陪在我身邊。」

「這是我的榮幸，」我立刻答應她。由於我是協助人們面對死亡和傷痛方面的專家，碰上這一類的請求乃是司空見慣的事，而且大多數人都不想孤單地死去，總希望能有個對臨終之事感到自在的人，陪他們走過這段生與死的過程。後來，連廣受歡迎的知名演員安東尼・柏金斯（Anthony Perkins）也提出請求，希望臨終時我能陪在他身邊；暢銷書作家瑪莉安・威廉森（Marianne Williamson）也要求我，希望她父親臨終時，我能與她一起陪伴她的父親，而我的恩師羅斯女士臨終的時候，我人就在她的身邊。接著我問：「有什麼狀況嗎？您的健康還好吧？」

「沒事，」她回答。「對一個八十二歲的老人而言，我算是健康的了，也全然活出自己的人生。我只是想確認當時候到了，自己可以全然感受死亡的過程。」

這就是露易絲女士。

會議過程中，她安排播放一部紀錄片《開啟希望之門》（Doors Opening），記錄八〇年代的愛滋病患者與其至親好友在星期三的晚上，一同在露易絲女士家中聚會的故事，亦即她最為人所稱道的「賀氏夜遊」（Hayrides）；這也是我與她結緣的開始，因為在少數的情況下，當她無法出席主持聚會，就會由我來代勞。回想當時的場面真是壯觀啊！

想像一下，三百五十位左右的愛滋病患者（大多數是男性，有一些是女性）在一起聚會，而且當時還是早期愛滋病大流行、尚無治療方法的年代。對他們多數人來說，這可是人生的大浩劫，但坐在場中央的露易絲女士卻有不同看法；她將它視為改變人生的大好機會而非劫難。她在聚會中導入療癒的能量，同時也清楚表示，大家不是來這裡「同病相憐」的，因為事到如今，視自己為受害者已於事無補。相反的，這聚會是要提供機會，讓大家達到更深層的治療：靈魂的療癒。

回想這些既神奇又感人的夜晚，我的內心就浮現許多的回憶。現在，二十五年過去了，我與露易絲女士再次相聚，重新回味這些日子及其對我們的人生所造成的重大影響。當紀錄片開始播映，經過簡短的介紹後，露易絲女士就拉起我的手往門口走，因我們打算私下多聊一些話，等影片結束後再回來答覆觀眾的提問。但我們走到一半，她卻突然停了下來。

「噢，你看，」露易絲女士說。「螢幕上那位是湯姆。」湯姆是賀氏夜遊最早期的成員，已經過世多年。

「每個人都好年輕呀！」我說。

「我們坐一會兒吧，」她輕聲說，拉著我坐入後排的觀眾席。結果，我們一直坐到整部影片播映完。接著，我們站起身，平復一下情緒，然後走上台。觀眾開始提問：「疾病是什麼？」、「既然思想就有療癒的效果，我們何必還要吃藥？」、「人為什麼會死？」、「死亡到底是怎麼回事？」

露易絲女士的每個回答，都讓提問者對於「疾病」有更深入的洞察與了解，除此之外，她也會在回覆的過程中點頭示意，讓我插話表達我的看法。我們就這樣一來一往，好似在打網球一樣，一一回覆，讓原本預定十分鐘就結束的提問，延長到四十五分鐘；事實上，我們甚至可以講上好幾個鐘頭。就在我以為談話告一段落時，露易絲女士得意地向大家宣布：「對了，我已經安排好，在我臨終時，會請大衛陪在我身邊。」現場響起一片掌聲。在我眼中，這是一項私人的請求，但露易絲女士卻將它公諸於世。這正是她充滿力量、真誠及開放性的一個實例。

當天晚上，賀氏書坊的總裁兼執行長雷德（Reid Tracy）告訴我，「露易絲女士跟我討論過你們可以合作些什麼。由於你們共同經歷過一些事，想必能貢獻出許多的智慧。最後我們認為，你們應該合寫一本書。」原本我只能想像露易絲女士分享她那些關於如何療癒人生的重大挑戰（不論是因離婚或分手而結束某段關係、面對親友的亡故、或其他許多類型的失落，例如失去心愛的寵物甚至是所愛的工作等）的洞見，但露易絲女士說的那句「要注意你的思維」再次閃過我的腦海。於是我就想，既然她有相當多關於透過思維來自我療癒的肯定語和知識，而我在幫助人處理傷痛和失落方面的問題又有多年的經驗，那麼，如果我們將這兩者融會貫通寫成一本書，那會如何呢？

我想到，像這樣的一本書可以幫助多少人？我又想到，在如此重要的議題上與露易絲女士一起密切合作又會如何？最後的結果是，我們一起寫了這本書，而且就像那次答覆提問一樣，我們各自補充自己這些年來所獲得的洞見，彼此配合得天衣無縫，在各種主題的想法上達成了完整及互補之功。【註】

就這樣，我們展開了共同的旅程。

——大衛・凱斯勒

【註】：除了本篇序文及第一章（由我敘述我們合作寫書的緣起及分享我們的對話）之外，本書的其他篇章都是我與露易絲女士共同寫成。

前言

——只關心愛而不在乎悲傷的新人生

破碎的心，其實也是一顆打開的心。不論任何情況，當你愛上某個人，一旦戀情宣告結束，勢必會感到痛楚（pain）。失去摯愛的人的痛楚，屬於生命及這趟人生之旅的一部分，然而為此痛苦（suffering）卻是毫無必要。雖然失去摯愛時，忘卻自身具有的力量是很自然的事，但事實的真相是，即使經歷分手、離異或死別，你的內在仍然擁有力量能夠創造新的實相。

說得更明白一些：我們並非要你避開傷痛的痛楚，而是要你在遭逢失落之際改變自己的想法，並勇敢向前經歷它。我們期待你的思維能處於這種境界：只帶著愛來憶起自己摯愛的人，而不是懷著哀傷或遺憾。即使遭逢最悲慘的分手、最糟糕的離婚或最悲劇性的死別，隨著時間的推移，要達到這樣的境界是可能的。它不是要你否認或逃離自己的痛楚，相反的，它是要你經歷它，然後開始過著只關心愛而不在乎悲傷的新人生。

我們真正的工作將由此開始。這整本書的主要焦點在下列三方面：

（一）幫助你感覺自己的感受

既然你在讀這本書，那麼很可能你現在也正心痛不已，但我們無意將你的痛楚帶走，不過這次我們會為你打開一扇重生的窗口。它不但可以療癒你的痛楚，而且只要你能全然地感覺自己的每個感受，便可以開始放下它們。其中最大的困難在於，你可能會想把自己的感受推開或故意視而不見，因為你認定它們是錯誤的、太微不足道或太令人難以承受，其實是你背負太多過度壓抑的情緒，尤其是憤怒更是最常見的一種，為了療癒，這些情緒就必須被釋放出來。

要注意的是，我們談的不只是與死亡有關的憤怒，還包括我們在任何時候所感受到的憤怒。提出「**傷痛五階段**」的知名傷痛研究專家羅斯女士就曾說過，憤怒出現時，就讓它「流過」去，並在幾分鐘內流完它。她進一步說道，任何超過十五分鐘的憤怒，其實已經算是「舊怒」了。

當然，憤怒只是諸多情緒中的一種；當分手、離婚或死別的事情發生時，我們都會出現許多的感受，而去感覺它們，是邁向療癒的第一步。

（二）讓舊傷浮現以獲得療癒

你的失落也會成為你舊傷的破口，不論你喜不喜歡，它們都會傾巢而出，其中有一些你甚至覺察不到它們的存在。例如：分手時，你可能會想，我早就知道他不會留在我身邊；離婚時，你可能會認定，自己不值得人愛；或是當摯愛的人離世時，忍不住想到，倒楣事總是發生在我身上。事實上，這些都是眼前的失落之外，你自己衍生的「多出來」的負面想法。

透過傷痛來溫柔地回顧過去，這當然是件好事。但若一味不斷地活在傷痛中，則是既痛苦又毫無價值。回顧過往時，只要你欠缺療癒的意圖，就會很容易落入這種錯誤。

這些負面的想法源自於哪裡呢？答案是來自於過去，因為它們當時沒有被愛療癒。療癒過程中，我們將同時照亮這些舊有的創傷及負面的思維，並用愛與慈悲加以開展。

（三）改變關於人際關係、愛與生命的扭曲想法

如果你因失落而傷痛不已，通常這種情況，其實只是你當下的想法產生扭曲罷了。這是什麼意思呢？也就是說，此時你的信念已受到童年的創傷、以及過往人際關係的傷害渲染與影響。你的扭曲想法，往往都是父母或此生遇見的人所形塑的；不過他們已經盡力了，畢竟他們自己也背負著源自童年的扭曲想法。當你不斷重複著同樣的舊有想法，這一切就會形成你當下內心的自我對話（self-talk）。接著，你就會以這種舊思維（負面的自我對話）來看待自己剛剛失去的人事物。

這就是為何當我們失去最在乎的人時，往往會無情又粗暴地責怪自己的原因。我們會責備自己、找同病相憐的人取暖，甚至會認為眼前的痛苦都是自己活該。那麼，該如何打破這種惡性循環呢？請繼續讀下去，你就會了解正向肯定語的重要性，以及它們矯正扭曲想法的強大效果。

肯定語的療癒力量

所謂的肯定語，是指增強正向信念或負面信念的一種聲明。我們希望你對自己的負面信念能有更多的覺察，並漸漸在日常生活中引進新的正向信念。事實上，人的念頭就是在「肯定」某種東西。可惜的是，萬一你的想法是扭曲的，那就等於是在不斷重複負面的肯定語。

我們將懷著滿滿的愛，為你的生命及傷痛引介正向的肯定語。初次運用這些正向的聲明時，或許你會覺得虛假，但無論如何請你接受它們。也許你會擔心，我們會帶走或減輕你的傷痛，但這絕非事實，因為你還是感受得到自己的傷痛，只是這些正向的肯定語會把不必要的痛苦帶走，並療癒你某些舊有的傷痛及負面的思維模式。儘管你的負面肯定語並非真實，但你還是會感受到它們的存在。許多人不自覺地重複負面的話語，並且在心痛時還如此殘酷地虐待自己。本書的主要目的，就是要找出一勞永逸的方法，來改變這種惡性循環的負面思維。

在往後的篇章中，當你讀到正向的肯定語時，請務必落實在自己的生活中。將它們運用在你的思維模式（你的信念及人生觀），利用它們來化解那些束縛你的負面想法，其中某些肯定語可以消除你過去舊有的創傷，並有助於你處理眼前的傷口，最終用愛來獲得完整的療癒。

失去後的生命禮物

我們確信你知道該如何結束一段關係、婚姻或甚至是生命，但你可知道如何圓滿一段關係或婚姻？圓滿自己的人生？這是我們這趟共同的探索旅程中，希望教導你的另一個面向。事實上，在每個失去之後，都有意想不到的生命禮物等待你去發掘。

也許對你來說，這些新的觀念似乎太過前衛，然而真相是，並非所有關係都能持續地久天長，有些可能只持續一個月、一年或十年的緣分。一旦你認為一年的緣分應該延續到十年，或是硬要把十年的緣分延長到二十五年，那麼你注定會痛苦。婚姻的狀況也是如此。一段以離婚收場的婚姻，能將它視為一種「成功」嗎？嗯，這是可能的，因它也許是你們夫妻此生必須去體驗的。

甚至生命的結束，也有它自己的節奏。當然，這是令人哀傷的，因你總是希望與摯愛的人多相處一段時間，這是人之常情。然而一段完整的生命需要兩個東西來完成：出生和死亡，就這麼簡單。每個人都是從生命大戲的中場穿插進來，又從中場離去。我們想與逝去的至親好友保持連結；我們想要保有自己的回憶……而最後，我們可以放下心中的痛。

第一章，我們將從檢視關於「失去」的想法開始。對於分手，你是怎麼想的？對於婚姻的結束，你有什麼樣的感覺？面對摯愛的人亡故，你的反應又是如何？隨著這些問題的深入探討，我們將幫助你開始改變關於「失去」的觀念。

第二章，我們將探討感情關係。也許讀這本書時，你正處於分手的狀態，有些人則可能正深陷於離婚或親人亡故的痛苦之中。然而不論你的現況如何，我們都鼓勵你閱讀這一章，畢竟婚姻或離婚都是從感情關係開始的，死別之事也是如此。

第三章，我們特別將重點放在離婚的傷痛上。接著在第四章，我們將檢視面對摯愛的人亡故時的傷痛。同樣的，我們建議你閱讀感情關係那一章，也建議你閱讀探討死亡的章節，因從某個層面來說，分手與離婚也是某種的「死亡」。

至於其他的章節，我們會探討人生在世其他許多不同類型的失落，包括失去寵物、失業、流產……等等。甚至那些表面上不太容易看得出來的失落（例如為了某件過去不曾存在、而將來也不存在之事感到傷痛），我們也會探討它們的療癒之道。

本書接下來的內容涵蓋面對各種不同人生境遇該有的新思維、溫馨的故事及充滿力量的肯定語。所有的故事都是真人真事，當事人出自於愛與真誠決定分享自己如何面對生命中的挑戰以及有些什麼樣的收穫，也讓我們得以與你分享。

我們最終的願望是，不論你現在面臨什麼樣的挑戰，我們都希望你能療癒自己的心，因為你值得擁有充滿愛與平安的人生。現在，就讓我們一起展開這趟療癒的旅程吧！

——露易絲與大衛

/第一章/ 改變「失去」的觀念

Changing Our Thoughts about Loss

——我們無法掌控分手、離婚或死別的發生，但卻可以主導對這些事件的想法。你可以選擇全然體驗傷痛、尋求療癒，也能選擇成為痛苦的受害者。擅用肯定語，讓你導向療癒、遠離痛苦。

當我開車前往聖地牙哥，準備與露易絲女士進行第一次工作會談的路上，我開始思考自己要問些什麼問題。「思想是有創造力的」，這是露易絲女士的名言。但面臨失落的時候，我們該如何應用這句話呢？我想到了分手，也想到生離死別，因為我有位好友正遭逢突如其來的變故；丈夫突然撒手人寰，令她傷痛不已。我想徵詢露易絲女士對這件事的意見，畢竟她可是所謂的「**新思想**運動」之母。

身為身心療癒界的先驅，露易絲女士率先將人的身體病痛、思維模式與情緒問題之間的關係引介給大眾。而現在，我將請教她關於這人生最具挑戰性的一刻，看她會帶給我們什麼樣的智慧、經驗和洞見。儘管我已寫過四本相關領域的書籍，但對於學習我永遠保持孜孜不倦的心態，畢竟關於人生的失落，說實在的，有誰敢說自己已經完全了解呢？

由於露易絲女士曾發表過許多的書籍和冥想等議題，因此我迫不及待地想知道，她對這一重要主題會有什麼樣的獨特觀點。不久後，我按了她家的門鈴，一見面，就給我一個溫情的擁抱，邀請我進門。我對她的家十分欣賞，她便帶著我四處參觀。這漂亮的家擺設著高雅的家具，以及她遠從世界各地密集旅行蒐集來的各種紀念物品，我覺得露易絲女士的家頗符合她的格調。

當我目不轉睛地望著窗外的美景，她轉身對我說：「要不要邊吃邊談呢？附近有一家很棒的餐館。」

轉眼間，我已經勾著露易絲女士的手走在聖地牙哥的大街上。人們絕對想不到，我們即將在餐桌上探討這世界上最令人心痛的主題。就座時，我發現服務人員一見到露易絲女士，高興得整張臉都亮了起來，而她卻渾然未覺，只說「你會喜歡這裡的菜色的，」她向我保證。

點完餐後，我拿出錄音機。「露易絲，」我說，「我已寫過許多關於失落與傷痛的醫療、心理及情感層面的書，而且每一本也都觸及到靈性。有一天，我在書店想起我們合作的這本書，我發現它是少數專門深入探討分手、離婚、死亡及其他種種失落的靈性書籍。關於這些靈性的面向，首先您想提出什麼樣的觀念？」

「思想創造體驗，」她開始說道，「但這意思並不是說，人生不會有所失去或傷痛並非真實；它要說的是，失去之後會產生什麼樣的感受，是由我們的想法決定的。」

她繼續說道，「大衛，你說傷痛的感受因人而異，我們就來探討看看其中的原因。」

我把朋友的丈夫突然死於腦溢血的事告訴露易絲女士，但令人訝異的是，她並沒有問我，朋友在失去丈夫後的表現如何，相反的，她竟然說：「把她的想法告訴我吧。每個人對傷痛的想法不同，感受也就不一樣。她的想法才是關鍵所在。」

我原本想說，「我怎曉得她的想法？」但後來我就明白露易絲女士的意思了。

「噢，」我說，「從她的言行舉止及傷痛的方式，就可看出她的想法。」

露易絲女士微笑著把手放在我的手上。「沒錯！」她回答。「告訴我，她都說些什麼？」

「好的，我聽見她說：『我不相信會發生這種事！』、『我從沒這麼悲慘過。』『我無法再愛任何人。』」

「好的，」露易絲女士說。「她已經向我們吐露很多事了。就拿『我無法再愛任何人！』這句話來說吧，你知道我是非常重視肯定語的人，因為肯定語是一種具有創造力的自我對話。看看她在傷痛時對自己說了些什麼——『我無法再愛任何人！』這句話是會變成事實的。更重要的是，這對她自己或她的失落一點好處也沒有，因為傷痛的痛楚是一回事，而這種想法只會雪上加霜，讓自己更加痛苦。也許她是因為心痛才覺得自己無法再愛任何人，但只要她願意敞開自己接受其他的出路或建議，她便可深入探究自己這句話底下所潛藏的信念。事實上，她也可這樣想：

我已體驗到人生堅強的愛情。

我明白，我對他的愛是永恆不渝的。

想起我對他的愛，我的心又忍不住歡唱。

我則補充說，「對於那些想要更深入、更快或隨著時間走出喪親之痛的人，他們可以這樣說：

我將敞開心，再次去愛。

我願在有生之年，體驗各種形式的愛。

此時，露易絲女士挨過身來，對我說：「我希望你明白，這些話不僅適用於喪親之痛，它們同樣也可應用在分手或離婚的狀況，因此我們務必要對這些狀況進行全面的檢視。」

就在我和露易絲女士邊吃邊討論的同時，我突然想到，對於關係的處理，為何有些人總是選擇負面的解決方式，有些人則會盡其可能地妥善結束，並從中發現其光明面。就舉大仁與潔西卡為例，大仁原本覺得自己與宗教無緣，認為那只是父母及家人的信仰，但自從與潔西卡一起發現宗教科學派（religious science）後，他便開始參加當地的教會。

「科學派的講道，內容涵蓋我們日常生活中所熟悉的每個主題，」大仁說，「例如買房子、談戀愛、結婚、理財……等等，而且絕不會帶著批判的眼光，純粹只有智慧的分享與接納。這種靈性談話所展現的愛，遠比我與潔西卡原生家庭的傳統信仰寬容多了。這些年來，我們一起看書、靜坐，並參加各種工作坊。有趣的是，幾年後我們發現，『一切皆有因果』這句格言竟成了我們的信仰，就像我們的父母他們信奉的金科玉律一樣。」

然而，過了二十二年看似美滿的婚姻後，大仁感覺到他們夫妻間的關係起了變化。潔西卡後來對我說，「是我先察覺的，體認到自己的人生都過一半了，卻還沒能完全活出自己的人生。我想離開他，因為我不希望自己的人生僅止於此。這跟性或者是否有外遇無關，單純只是因為當初簽下這一紙終生的承諾時，我並不完全了解人生在世能活多久、以及有多少事情要做。我是愛大仁的，但他卻只安於在家休息、無所事事。也許這種慢步調的生活很適合大仁，但對我來說，這簡直無聊到了極點。

「當我告訴他，我想離開、想結束我們的婚姻關係時，他怒不可遏。他覺得我背叛了他，認為我是針對他而來，其實根本不是如此。他譴責我不再愛他，這也不是事實。我真的還愛他，只是我們的浪漫愛情已經結束是不爭的事實。我知道自己如果留下來，我們兩人都會變得非常不快樂。儘管這令人難過，但我還是得離開。」

事實的真相是，探索那些亟需療癒的創傷，一直是我們人生的必然走向。也許這過程並非總是那麼順利或明顯，但愛永遠會把那些不屬於愛的一切，統統帶到我們眼前來進行療癒。因此，就在大仁因妻子離開而感到心碎的同時，他的妻子卻毫無受傷或恐懼的感受，反而充滿了冒險的感覺。當她收拾好行囊，伸手溫柔地拭去他臉上的淚水，告訴他：「你覺得我離開了你，但我並沒有離開。雖然我搬了出去，但我仍活在這世界與你同在。你覺得我不愛你，但其實我是愛你的，我只是選擇了對我們兩人最好的方式。因為我知道，就某個層面來說，如果這樣做對我的未來是好的，那麼它對你的未來也一定是好的。」

大仁還是覺得既受傷又憤怒。「你就承認吧，」他說。「你根本就不愛我了。」

潔西卡回答他：「有時候，說再見其實是另一種表達我愛你的方式。」

通常在同樣的分手事件中，很難得出現像他們這樣子的對話。我時常在想，關於結束感情、婚姻或工作之類的事，我們的了解實在少得可憐。我們根本不知道如何圓滿處理這些事，並且很難接受這一事實：每段關係都有開始，但其中有一些還是會有結束的時候。

看見愛的榮光

餐點送來時，露易絲女士與我正深入探討關於傷痛的處理。她微笑看著食物，聞了聞它，並且做了餐前的感恩禱告。我可以感覺她這一舉動，比那些出於常規或習慣的感恩禱告真誠且深刻得多。

「您是認真的，對吧？」她禱告結束後我問她。

「是的。」她告訴我，「因為生命愛我，我愛生命。我真的非常感恩。」

我得承認，剛開始時，我覺得這樣的舉動是有點過頭了。隨後我才想到，眼前與我用餐的這位女士，已一次又一次證實了肯定語的力量。親眼見到露易絲女士在生活中落實這項工具，著實令我驚訝。而且，在她向我解釋肯定語並非假裝傷痛不存在的時候，她同時也在細細品嚐每一口食物。「即使假裝傷痛不存在，它也不會消失不見。你覺得真實的情況會是如何？」

「如果你還沒準備好去經歷傷痛，」我說，「我相信它會先暫時為你保留，直到你準備好為止。時間若不是現在，就是將來，一切取決於你。畢竟有些時候，我們需要先暫緩一下傷痛，也許是因為事情來得太突然、太令人難以承受，或是你必須先忙孩子的養育工作、或顧好你的飯碗。然而終究有一天，傷痛會因為憋太久而爆發出來。它會變得陳舊、無助又憤怒，並開始對你的生活產生不良的影響。但其實你可以不必如此。」

露易絲女士點點頭。「你的內在具有創造新的、更好的實相的力量。改變關於失去和傷痛的觀念，並不表示你從此就不會有心痛的感覺或不必經歷傷痛；它的意思只是在表達，你不會深陷在任何一種感受而不能自拔。通常人們回首失落的傷痛時，會慶幸自己曾經全然地感受當時的情緒；他們會慶幸自己曾付出時間來對關係的結束進行完整的哀悼；或者摯愛的人撒手人寰，他們會慶幸自己曾在事後看見傷痛也有可貴之處。然而，我也常聽見有人說，經過一段長時間的傷痛後，他們才發現自己根本沒必要痛苦這麼久。」

接著，我們聊到一位最近才又開始談戀愛的二十九歲女子凱洛琳。她說自己對過去的每段感情都不曾後悔，唯獨一段感情例外；她真後悔自己竟花了五年的時間才忘卻這段三年的感情。

「這一點我懂，」我說。「曾經有位女士跟我說，她在丈夫車禍過世大約十年後，她才知道自己這輩子會永遠愛他、想念他，而她原本可以更早就明白這一點的。當諮商接近尾聲，她告訴我，『踏出這個門，從此我只願看見愛的榮光，絕不再往痛苦裡鑽牛角尖了。』」

「這正是我們要教導大家的。我們只願看見愛的榮光，而不是著眼在痛與苦上頭。」露易絲女士看著我的眼睛繼續說道。「在這本書中，我們將教導關於意圖及那些可以應用在失落與傷痛的肯定語，為悲傷的心靈帶來希望。我們會告訴人們，他們有能力從傷痛走向平安，並讓他們明白如何做到這一點。他們的心與失落都可獲得療癒，不必一輩子都活在痛苦中。不過，這當然也不是一蹴可及的事。」

「對極了，」我回答。「失落的療癒跟感冒不一樣，不是一個禮拜就會好的。儘管療癒需要時間，但我們可以教導人們仰望平安。平安來臨前的傷痛是極為重要的，因它是你在建立更堅固的新基礎時，一種真情的流露。」

我常常會想到羅斯女士的**傷痛五階段：否認、憤怒、討價還價、沮喪、接受**。心的療癒，指的是最終接受事實，並活在真相中。我的意思並不是說，當你失落的時候，你還會眉開眼笑或者毫不在乎，而是不論你多麼想挽回失去的人事物，你都必須承認當下已發生的事實。

我告訴露易絲女士以下這個故事：

克里絲提娜年紀輕輕就被診斷出罹患卵巢癌初期，而且癌細胞的侵襲狀況非常嚴重。當事態演變成她的生命即將走到盡頭，她身邊的人似乎都被迫面對死亡的問題。奇怪的是，有時候年輕人反而比他們的父母更能坦然接受死亡。以克里絲提娜的例子來說，她的母親黛柏拉就對最新的病情感到寢食難安。克里絲提娜是個風趣又擁有勇敢靈魂的人，並對自己的世界有深刻的洞察，她知道自己能改變什麼、不能改變什麼。她知道自己快死了，並且接受這一事實，這為她帶來某種心靈上的平安。

生病期間，她時常跟母親吵嘴。黛柏拉會說，「你還這麼年輕，你不可以死。」

「那麼，你怎麼解釋我即將離開人世的事實？」克里絲提娜回答說。

「你的人生還不完整，不能這麼年輕就離開。」

「媽，一段完整的生命只需要兩件事來完成：出生和死亡。因此，很快我的生命就會完整了。我即將活過，也即將死去，這就是人生。我們必須從中找到平安。」

如果有什麼是克里絲提娜放不下的，那便是她對母親的擔憂。克里絲提娜過世後，每幾個月我都會去探望一下黛柏拉，但我還是覺得，克里絲提娜一定很希望她的母親能得到心靈的平安，因為黛柏拉一直走不出她的傷痛。然而幾年後，我與黛柏拉不期而遇，當下我就感覺到她微妙的改變。我問她是不是有了什麼轉變？她告訴我：「我承認，以前我比較想要克里絲提娜回到我的身邊，遠勝過我對平安的期待。但後來我漸漸明白，原來克里絲提娜的平安與我的平安，才是我真正想要的。我終於了解讓摯愛的人安息的真正意義。」

「直到今天，」我告訴露易絲女士，「克里絲提娜與黛柏拉還是經常令我想起渴望平安的重要性。」

露易絲女士也表示同意。「『安息』這個詞我們都聽過，但我們從小到大都忘記去感受及理解它的意義。在黛柏拉的例子中，她最後希望女兒能獲得平安，並知道愛是永恆不滅的；同樣的，克里絲提娜也希望母親每天晚上都能安息，知道即使死亡也阻斷不了他們母女之間的連結。現在黛柏拉深信，他們母女終有一天還會相見的。」

不論你的傷痛出自於何種失落，保有追求心靈的平安及其療癒之道的渴望是極為重要的。事實上，你永遠可以作出這樣的選擇：全然地體驗傷痛，同時找到平安。光是知道這一點，就足以令人感到欣慰並充滿力量。我們這本書有許多你從未想過的選擇，包括挑戰自己的思想及運用肯定語來改變不健康的思維模式等等。

總之要記得，你的心靈與失落都是可以療癒的，人類一直以來都能成功做到這一點。但你也別忘了，傷痛就像指紋一樣，人人不盡相同。內心要獲得完整的療癒，首先你得認清自己的失落與傷痛。人們經常會因朋友無法了解自己的失落而感到生氣，但事實的真相是，這些朋友可能不會、甚至永遠無法了解你的失落。其實，真正能了解你的失落的人只有你自己，因為治療者就是你、而且也只有你能療癒它。

不同類型的失落

大多數人會很詫異，原來失落還分成許多不同的類型，因他們一直以來總是覺得，「失落就是失落呀。」就某個層面來看，這種說法並沒有錯。但既然失落分成那麼多不同的特定類型，它們的原型（archetypes）就值得我們一探究竟。

本章接下來的內容，將專門探討複雜性的失落（complicated loss）、事態未明的失落（loss in limbo）及被剝奪的傷痛（disfranchised grief）。傷痛是失落的一種反應，記住這一點是很重要的。我們並不想把失落的類型複雜化，但弄清楚你的失落是屬於哪一類，將有助於你在失落中發現「最棒的自己」。

複雜性的失落

簡言之，複雜性的失落指的就是那些被其他因素複雜化的失落。大多數人都知道，當一段關係自然結束時，我們會感到失落。但在雙方都同意分手或離婚的狀況下，這種失落就是非複雜性的。又例如長輩突然撒手人寰，但這位長輩生前已過著福壽雙全的人生，那麼這種失落也是非複雜性的。不過人生在世，這種情形能有幾回呢？人們有多少次是在彼此同意的狀況下分手的？人間又有多少事能有美好的結局？

每個人的人生都是複雜的，他們的失落當然也不例外。但失落之所以會變得複雜，是因為你沒想到它會發生；換句話說，它對你而言是一種意外。就算你認為自己面臨的是複雜性的失落，但不論它有多麼複雜，永遠還是有可行的療癒之道。以下就舉一些例子，看我們可以如何改變自己的想法。

在感情關係中，當一方想要放手，但另一人卻不願意時，你可以這樣想：

儘管我現在還不明白為何會走到分手這地步，但我會接受這一事實來讓自己開始

療癒。

同樣的思維也可應用在離婚的狀況：

我不認為有離婚的必要，但我的丈夫卻想離婚（或我的妻子想提出離婚）。儘管我不同意這樣做，但我堅信我們的命運必須由我們自己決定，而我的伴侶已作出他（她）的選擇。

每個人都有權利選擇自己是否要保有婚姻。

有人英年早逝，你可以這樣對自己說：

這出乎我的意料之外，因我總以為這個人的生命還很漫長，但我要提醒自己：我不是全知的人，也無法窺見生命的全貌。儘管我會有迷惑及憤怒的情緒，但我確實不明白每個人的人生旅程到底該是如何。

要記得，雖然失落可能是複雜的，但療癒卻不必如此複雜。

事態未明的失落

舉個事態未明的失落的例子：一對戀人已提出三次分手，他們說，「我們快被分手這種事搞死了！現在，我們要嘛就好好在一起，要不就徹底結束！」

此時，可透過以下的肯定語來協助：

這次分手會讓我看見有益的訊息。

這段關係的成長或結束，自有它的時機。

發生嚴重健康問題的人會說，「等待檢驗報告結果的日子，真是令人百般煎熬！」或者會說，「要不就讓我完全好起來，否則就乾脆讓我死算了！」

此時，這句很棒的肯定語可以派上用場：

我的健康，不是單單由一個檢驗結果來定義的。

不知道自己是否會失去什麼，這種煎熬的感覺與失落本身並無不同。人生難免會被迫遇見這種事態不明的狀況，例如：你可能得等好幾個鐘頭，才知道自己心愛的人手術是否進行順利；或者要等好幾天之後，才知道摯愛的人是否已從昏迷中醒來。孩子走失了，你可能必須等待好幾個鐘頭、好幾天、好幾個星期或甚至更久的時間；軍人在戰事行動中失蹤，往往他的家人就必須面對數十年親人生死未卜的心理煎熬。即使幾年過去了，這些留下來的親人還是沒有解決他們的失落，除非他們得知最後的真相。然而，或許他們永遠也等不到親人的消息。如此一來，這種事態未明的狀態本身就是一種失落。

不過，事情大可不必如此。在暴風雨中，你仍可以找到停泊的港口。在事態尚未明朗化的期間，你可能會非常擔心最糟糕的結果出現；萬一事情真的發生，你可能不知道該如何活下去。這種情況會令你手足無措，而且不論對自己或他人都會感到相當的無助。療癒這種狀況的肯定語是：

雖然我不知道心愛的人的下落，但我相信上帝那充滿愛的手，現在正安全地保護他（她）。

又例如分手的時候，你可能會想，「我得把他（她）追回來」或「我還沒有結束這段戀情的準備」。請你再思考一下！要是換成這樣想呢：

也許我不知道結果會怎樣，但生命是愛我的，不論有沒有他（她），我都會過得很好。

如果你現在正因為分手而難過，可以試著對自己這樣說：

如果我不是她（他）的真命天子（女），那麼肯定別人才是！我就別再從中阻礙，如此才能成就他們的美事。

被剝奪的傷痛

被剝奪的傷痛是指失去那些尚未受到社會認可的關係的傷痛，而且這種傷痛往往無法公開進行哀悼或是得到大家的認同。以下是一些例子：

- 社會不認可或大眾不認同的關係，例如：男同志、女同志或同性戀婚姻。

試著這樣想：

不論別人對我的愛有什麼樣的看法，我仍尊重我的失落與愛情，並看見它們的榮光。

- 過去的一段關係，例如：前妻或前夫離開人世。

試著這樣想：

前任是我摯愛的人，我對他（她）的愛不僅存在於過去，同時也存在於現在。我將全然感受我對這份愛的傷痛。

- 不容易被發現或隱藏的失落，包括墮胎或流產。

試著這樣想：

我願正視失去孩子這件事，並發現其中也有可貴之處。

●因衝動或犯罪造成的不名譽死亡，例如：自殺、愛滋病、酗酒或藥物濫用等。

試著這樣想：

自殺：**過去，我摯愛的人深陷痛苦而找不到出路。現在，我看見他（她）的圓滿與平安。**

愛滋病：**儘管我摯愛的人生病了，但她（他）依然擁有自己的美麗與價值。**

酗酒或藥物成癮：**我摯愛的人已經盡力了，我還記得他（她）以前尚未上癮的樣子，現在我要以這樣的眼光來看他（她）。**

●因怕被取笑而不敢公開的失落，例如：寵物死亡。

試著這樣想：

我對寵物的愛是非常真誠的，我願與那些了解我失落的人分享我的傷痛。

要記住，在被剝奪的傷痛的情形下，你無法改變別人的想法，但你永遠可以改變自己的。

我看見自己的失落也有可貴之處。

如你所見，不同類型的失落各有不同的名稱。儘管每個人傷痛的方式不同，但失落的感受都是共通的。因此，注意這一點很重要：既然失落的感受都是共通的，那麼它的療癒之道也必然人人適用。雖然通常我們無法掌控分手、離婚或死別的發生，但對於這些事件的想法，我們卻握有絕對的主導權。你可以選擇全然體驗傷痛又同時尋求療癒，也可以選擇成為痛苦的受害者。此時，肯定語就成了有用的工具，因它能將你的想法導向療癒而遠離痛苦。

現在，就讓我們透過感情的結束來對失落進行更仔細的檢視，並學習將思想聚焦在療癒及突破負面信念的方法上，使我們能在未來為自己顯化出更棒的愛。

/第二章/ 感情破滅與突破

Breakups and Breakthroughs in Relationships

——在愛裡，沒有錯誤的人，只有完美的老師。當感情破滅時，唯一要做的就是戴上氧氣罩，照顧好你自己。要溫柔地善待自己、愛自己。

分手後，人們對自己說了什麼、聽了什麼是非常重要的，因為這些話語不但具有影響的力量，同時也是在傳遞一種訊息。我們都知道，童話故事中的結局都是騙人的，「從此他們就過著幸福快樂的生活」，現實中根本沒這一回事；頂多只有從此過著「真實的生活」、「充滿希望的生活」或「對我們來說很適合的生活」罷了。

如果分手後，你能握著對方的手說，「謝謝你，過去這段時光真是美好！」然後繼續各走各的路，這樣不是很棒嗎？或者說，「謝謝你，我從中學到了許多，」或「這真是刺激啊！請保重。」

然而現實的情況是，你多半會處於深深的傷痛，感覺一片愁雲慘霧。你會想到或感受其他選擇的存在嗎？儘管傷痛是事實，但你非得站在愁雲慘霧下不可嗎？你是否可以讓自己處於愛的餘暉中？你是否能讓自己沉浸在愛的感恩裡？你是否可以停下腳步，並且這樣想：

哇，好有趣的時光啊！

這真是我人生中美妙的一章！

你是否會對人生的下一步充滿好奇心？難道你真的非得站在愁雲慘霧下，等待暴風雨的來臨？

高山與低谷是同時存在的，但如同多數人一樣，你眼中的愛情卻只有高山而沒有低谷。難道你單身時就一點價值都沒有嗎？我們希望在結束一段關係後，你能讓自己感受傷痛，但同時也明白縈繞在負面的想法上，只會徒增自己的痛苦。

找人談話，特別是跟年紀大的長輩聊一聊，聽聽看他們在擁有感情及單身時，到底有著什麼樣的美妙人生。不論你處於何種意識層次，談話、靜心、祈禱及唸誦肯定語，都能有很大的療癒力量，其中包括靜默。有些人甚至會告訴你，他們感情結束的那些日子，正是他們人生中最深刻、同時也是生命重新創造、改革及成長的契機。

我們將在這一章與你分享許多有力量的故事和洞見，並探討關於感情結束後的人生突破。如果可以的話，請試著敞開心胸，用正向的眼光來看待感情的結束。許多人之所以會一直受苦，其中部分的原因就是由於恐懼，而害怕被拋棄正是感情結束所潛藏的恐懼之一。譬如你會認為，他跟我應該在一起的。關於這一點，你怎能確定呢？也許事實根本不是如此。然而，還有別種可能：或許二十三歲到二十五歲，你是應該和這個人在一起，但三十歲到五十一歲則是另外一個人。人會來來去去，但愛沒有來去。

同樣的，這聽起來好像我們在要求你改變想法，而且我們確實如此。事實上，你的想法之所以會受到局限，是因為你總認為關於失落只能有一種思考方式，而且通常還是負面的。不過終究來說，擴展自己的思維來看見更多的選擇，並且不再用有限的眼光來看待生命中發生的事，這才是你真正想要的。

愛情能給予許多的機會，讓我們了解自己是誰、害怕什麼、從哪裡找到力量、以及何謂真愛。愛情是學習的契機，這種想法似乎與我們的直覺相違背，因為我們都知道它可能會帶來挫折、挑戰或甚至令人心碎的經驗。但其實愛情還有其他許多的可能性；它可以給我們最棒的機會來找到真愛及真正的療癒。

當你因分手而感到傷痛，此時你可能會產生錯誤的知見，覺得自己的完整性消失了。而當你相信自己的完整性受到他人的影響，你便會認為自己是不足的；你會覺得自己不夠完整、不能找到屬於自己的愛，並且無法在生活及工作中創造幸福。我們不會試著幫你尋找對的人，但我們會讓你成為更值得被愛的人。與其終日要求現在的伴侶多愛你一點，不如讓自己成為更值得被他們愛的人。倘若你變得值得被愛，但他們還是離開了你，那就表示他們不是你的真命天子。

想要找到愛，你得先問自己，你付出的愛是否與你所希望得到的一樣多？還是說，你只希望別人愛你比你愛他們或愛自己更多？俗話說得好：「你的船如果浮不起來，沒人會跟你一起渡海。」

用不同的眼光看待感情

在檢視感情的傷痛前，我們先來看一下人們在愛情中的想法。

你在愛情中的想法是如何，事後就會以同樣的方式體驗傷痛，例如：交往時你的感覺是匱乏，那麼你的傷痛也會反映出匱乏；如果交往時你充滿了怒氣，分手後你的傷痛也會伴隨著憤怒。事實上，我們不僅要你了解以更寬廣的思維方式來看待感情結束後的傷痛，同時我們也要讓你知道，寬廣的思維方式能在愛情進行中發揮什麼樣的效用。

喬安娜與葛蕾絲是一對雙胞胎姊妹，而且碰巧喬安娜是在除夕夜結束前兩分鐘出生，接著葛蕾絲也在除夕過後的幾分鐘呱呱墜地。儘管姊妹倆的出生時間實際上只相差幾分鐘，但她們把彼此的生日分得一清二楚：姊姊是除夕出生，妹妹則是新年出生。而她們姊妹處理感情的方式也大相逕庭。

葛蕾絲曾與一位電腦專業人士交往；他設計開發一套監測處方藥劑交互作用的軟體，曾救過一些人的生命，因此被視為英雄。葛蕾絲很享受跟他在一起的時光，也很滿意這段感情。因此，當她有一天聽見男方表示有了新歡時，她既震驚又難過。她告訴自己，「我想，他應該不是我的真命天子。終究，這是不能修成正果的戀情。」諸如此類的話。她有自己的一套獨特方式，如實地看待事物。「我想，這段感情應該注定只有一年的緣分，」她說道。

她的雙胞胎姊姊問她，「難道當時你不認為他是你的真命天子嗎？」

葛蕾絲回答，「如果他是真命天子的話，我們現在就還會在一起呀。既然我們的感情會結束，那就表示我們注定只有一年的緣分，而不是一生一世。」

喬安娜難過地看著妹妹，但她的難過不只是因為妹妹失戀的關係，還包括她過去的戀愛經歷。她的戀愛史只有兩種狀態：戀愛與後悔。她目前正與一位帥氣的體育主播費爾交往，而且他們在許多方面都非常的登對，不過她卻對與前任男友麥克斯分手還始終處於後悔中。「要是當時我沒犯錯，」她常常會懷疑，「我和麥克斯現在還會在一起嗎？」想到現在與費爾的這段戀情，喬安娜就非常擔心自己會犯下同樣的錯誤。

葛蕾絲只說，「你得把過去那些戀情全忘了，因你已學到該學的教訓。好好跟費爾在一起吧。」

不過，這對喬安娜來說，講的比做的容易多了。「如果我太安靜或太積極，他會不會……」

「如果，如果……如果我們的祖母有輪子，」葛蕾絲回嘴說，「我們會變成車子嗎？」

很明顯的，她們姊妹倆對於戀愛、失戀及等待新戀情的過渡期處理方式有很大的差異，但她們也各自學到自己的人生功課，因為即使是雙胞胎也不會走上相同的人生道路。每個人都有自己獨特的「學習路線」，而我們往往也想操縱或判斷自己的內在進程、改變學習的內容，但生命卻會在某個時間點巧妙地為我們安排必要的人生功課。

但這並不表示我們的人生不會出錯。由於我們並不想跳脫人生的遊戲來檢視人生，因此我們的自我檢視最後也會變質為自我縱容，此時我們若還在原地踏步，就不可能有所改變。儘管我們無法控制他人，也無法改變過去，但我們對自己的內在對話卻握有絕對的主導權。當喬安娜了解自己的負面想法已影響到她的感情關係，此時（也唯有此時）她自己才會覺察到，原來她的思想可以創造出全然不同的實相。

諸如「我知道自己會再犯同樣的錯誤」之類的想法，我們不能只是改變它，同時也可利用它來作為療癒的指引。事實上，我們可以利用類似以下的「咒語」來使它變成一種靜心：

我已從過去的錯誤中獲得療癒。

事實上，喬安娜在這段新感情中就能走出錯誤。有時候人們會這樣想：太好了，我已經療癒了，從此一切都會一帆風順。然而事實的真相是，世界永遠會朝療癒的方向前進。因此對喬安娜來說，她的人生不一定就此一帆風順，而是隨著時間的推移，她會走向自己下一個需要療癒的問題。

再者，當你某部分獲得了療癒，宇宙並不會因此就說，「我們給她半年一帆風順的日子吧！」而是會說，「為了喬安娜的幸福，她下一個需要療癒的是什麼？」許多靈修法門也有類似的說法：一切不是愛的，都會被帶出來療癒。舉喬安娜的例子來說，她把眼光放在對自己毫無幫助的人格特質上，並開始對費爾品頭論足起來，她問自己：他是我這輩子的真命天子嗎？他會是個好父親嗎？我們一直都會有美滿的性生活嗎？我的朋友會喜歡他嗎？我的家人會贊成嗎？

也許你會覺得問這些問題很合理；它們的確如此，但一天問上一百遍就不怎麼合理了。很多人不曉得自己一天會出現七萬個念頭；更令人訝異的是，這些念頭幾乎都是重複的。喬安娜自己所認為的人生、或她那過於吹毛求疵的情感關係，事實上都不算是真實的生活，因為當你忙於檢視分析時，你便無法活在這真實又開放的當下。

現在我們回過頭來檢視，喬安娜在這段戀情中的種種想法，會如何影響她現在的愛情品質，以及萬一這段感情結束時所可能出現的傷痛。

首先，她問：「他是我這輩子的真命天子嗎？」

這問題的真正答案是，他是她「現在」的真命天子。除了當下之外，沒什麼好問的，因為未來的幸福根本不存在。既然今天出現在眼前的是他，那麼他就是她現在的真命天子。

你是否已開始了解，這種思維能有助於你活在現實與當下？「他是我現在的真命天子」這是事實；而「他是我這輩子的真命天子」則可能是事實也可能不是，因你根本無法知道自己是否會跟某人在一起一輩子。一段戀情結束，你難免會感到傷痛；但更慘的是，你深信對方就是你這輩子的「真命天子」，因你會覺得自己已經失去「永遠」的伴侶了。此時，別忘了運用這句肯定語：

他只是我現在的真命天子。我們再來看看喬安娜的第二個問題：「他會是個好父親嗎？」

只要我們思維的重點是放在別人的身上而不是自己時，我們就找不到幸福。對喬安娜來說，問題不該是問費爾是否會是個好父親，而是該問：等到那一天來臨，她是否會是個好母親？務實一點來看，我們真的能夠知道某人會成為好父母嗎？我們心中都有一些原以為會成為好父母的兄弟姊妹或朋友，但最後才發現他們為人父母並不是那麼得心應手。同樣的，有一些我們原以為無法勝任養兒育女的人，最後卻教我們跌破眼鏡成為稱職的父母。終究說來，萬一真有那麼一天，喬安娜也只能掌握自己是否能成為稱職的人母。她可以運用更為正向的肯定語：

我會盡我所能，成為最好的母親。

喬安娜的第三個問題是：「我們會一直都有美滿的性生活嗎？」

畢竟「性」只存在於一個地方：你的腦。至於將來你對性會有多熱衷，根本不關現在的事；在性方面投入多少，才是你現在的重點。喬安娜今晚就可把她所有的情慾、熱情、興奮、創意及冒險精神帶到床上去，並運用這句正向的肯定語：

我要完全投入在今晚的性生活。

「我的朋友會喜歡他嗎？」喬安娜接下來問。

事實的真相是，朋友會反映出你投射的想法。如果你的提問是帶著懷疑的念頭，那麼你的朋友也會對這個人產生懷疑；相反的，如果你的想法是幸福的，他們也會因為看見你的幸福而喜歡這個人。你可以運用以下這句正向的肯定語：

我的朋友會喜歡我跟他在一起的幸福。

最後，喬安娜想知道：「我的家人會贊成嗎？」

也許會，也許不會。在多數的情況下，家人通常會注意你的感受，但即使他們不同意你也要記住，這是你自己的人生和愛情，因此只要一個人同意就夠了！那就是你。此時，正向的肯定語是：

我肯定這段感情。

每個起心動念都是重要的，因為你不可能在交往時是一種思維模式，而在面臨分手後的傷痛時又變成完全不同的思維模式。換句話說，如果交往時你的想法是負面、扭曲的，那麼你的傷痛也會是負面又扭曲的。了解這種延續性很重要，因為只要你相信這段感情會令人失望，那麼這種負面的想法就會滲透到這段感情，並同時延續到分手後的傷痛中。當新的戀情來臨，你的想法也不會突然發生奇蹟似的改變，從而淪為這種思維模式下的受害者。

傷痛是一扇窗口，它提供你機會檢視自己當初對這段關係是抱持什麼樣的想法。

若能順利處理分手的傷痛，那麼你將來的交往關係也會是順利的；不過，如果正在交往中的關係並不理想，你還是有機會改變關於如何面對分手的傷痛，以及下一段戀情的想法。

了解自己是什麼樣的人

梵妮莎回想起她那「夢幻」的愛情就想笑。現在的她很幸福；嫁給一位「非夢幻」的男士，並且可以帶著愛與幽默來回憶這段轟轟烈烈的愛情，而不再感到心痛。

二十七歲那年，她在派對中很開心地結識一位小兒科醫生朗恩。一直以來她就覺得自己遲早會遇見一位特別的男士；他能看出她的與眾不同，而她也很好奇，成為醫生娘不知會是什麼樣子。

經過十一個月的交往後，朗恩邀請她一起同住，她也覺得時機已經成熟。「我命中注定要嫁給醫生，」她在心裡對自己說，「我會在醫院做慈善義工；當他抱怨工作的時候，我會是最了解他辛苦的人；當人們說他財源廣進時，我會告訴他們，那是他多年的苦讀才有今日的成就。」

接著，梵妮莎若不是泡在當地的咖啡廳，就是與其他的醫生娘們一起喝茶。不過，他們這一對佳偶也沒那麼完美，因為朗恩有一點自負和自以為是。有一天，她建議重新布置他的房間，因它看起來像是單身漢住的地方，裡頭還有水床跟小吧台。他厲聲地回嘴，覺得房間這樣子很好、水床也用了十多年，他很喜歡目前的樣子，只是水床必須更換新的水比較麻煩。他還告訴梵妮莎，每次水床剛換完水的第一晚，睡起來簡直快凍死人！因此，她只好先打消重新布置房間的念頭，等將來有機會再來處理。

後來，他們飛往朗恩最喜歡的茂宜島，慶祝交往一週年，但梵妮莎多帶了一位客人——她的恐懼。

梵妮莎問朗恩，他以前是否也帶過別的女人來茂宜島，他回答說，「有哇，因我一直都很喜歡這地方。無論與前女友在一起或單身的時候，我都會來這裡。我曾在這裡認識一個女孩子，她後來還成了我的女朋友。」

他的坦白讓梵妮莎更沒安全感。我們來看她此時的想法，她在想：我只是他蒐集的女人之一嗎？如果這次我沒跟他一起來，他會找其他的女人陪他來嗎？他到底會不會娶我？

可以想像，她最後的疑問就是：我真的重要嗎？他愛我嗎？但這不是問題之所在，因它不只是一個特定想法而已，而是所有不安的念頭都濃縮成：

我是可有可無的，我沒有價值，任何人都可以取代我。

倘若你跟梵妮莎一樣，把焦點都放在負面的想法上，那麼你的人生就會愈來愈糟糕；但如果你把焦點都放在正向的想法上，那麼你的人生就會愈來愈美好。雖然說朗恩可能是個自負的人，但他會從梵妮莎身上感受到什麼樣的想法？既然她都覺得自己不可愛、沒價值、可有可無，那她還有什麼可以讓他愛的呢？問得更準確一點：他要愛的這個人是什麼樣的人？如果連梵妮莎都覺得自己不夠好，那他怎麼可能覺得她夠好呢？

我們很希望能告訴你，朗恩跟梵妮莎在茂宜島度過一段美好的時光。但事實上，她變得愈來愈沒安全感，甚至朗恩也變得愈來愈冷淡。從茂宜島回來後，他希望能回到原來正常的生活，但梵妮莎卻仍被那些不安的念頭折磨著。「其他女人一定也曾住過這裡！」她自己不停地這麼想。由於她不斷重複這些念頭，有一天她終於忍不住需要問個清楚。因此，她很唐突地問他，「以前有其他女人跟你住在這裡嗎？」

同樣的，朗恩誠實地回答，「有哇，但那又怎樣？現在我是和你在一起。」

「我只是想知道而已。」她說。過了幾天，她又問，「當初是她們提分手的，還是你？」她的思想焦點已從這段感情的交往中，轉移到感情的結束。此時，她並沒活在自己當下的人生，而是活在傷痛的處境了。

朗恩知道此時再怎樣哄她安心也是徒勞，因他可以感覺到她的匱乏和空虛的力道。終於有一天，她聽見預料中的負面話語：「梵妮莎，我覺得你應該搬出去。」她那些負面的話語，使她最大的恐懼成為事實。

她懇求他回心轉意，但他心意已決，於是她氣呼呼地搬出去，心想果然沒錯，自己不過是他蒐集的一個女人、另一個女朋友，其他什麼都不是。

接下來的幾天，梵妮莎處於一段黑暗期，交往時的種種想法和不安逐漸形成她的傷痛。當她打包好行李，從朗恩的住處搬去老朋友伊芙妮的家時，她的負面念頭還在持續著。

過了幾天，伊芙妮告訴她，「仔細聽自己的聲音吧……我可以了解他不想跟你在一起的原因，因為連你都不想跟自己在一起！你總覺得自己沒價值，他看到的你，正是你形容自己的樣子。你自己是怎樣的一個人，你知道嗎？」

由於還深陷在負面的想法中，梵妮莎發誓一定要讓朗恩忘不了她，而且她已經知道該怎麼做。她知道每星期三是他工作最忙碌的時候，而且她還留有他家的鑰匙。到了他開始看診時，她就溜進去他家。

她想起他曾經抱怨，水床換完水後的第一晚會令人冷得受不了，於是她把水放掉。接下來的幾個鐘頭，她就坐在床邊看著水流光，想像今晚他睡覺又冷又寂寞的窘樣，如此一來，他便會想要她回來身邊。水流光後，她開始加入新的水，接著整理好床鋪，讓它看起來像是什麼事都沒發生，然後才離開。

隔天早上她開始等他的電話，揣想經過那麼悲慘的一夜，他肯定會很想念她。不過她很驚訝，都已經下午四點，他怎麼還沒打電話來？於是她決定自己先打電話給他。他接起電話，她問他過得如何。

「很好啊。」他回答，聲音聽起來有點不耐煩。

她失望了。她再問他，「昨晚睡得怎樣？」

「很好啊。」

她掛了電話，想著自己白費了工夫，原本她是想讓他也嚐嚐自己這種失落的痛苦滋味。伊芙妮回來後，梵妮莎把整件事告訴她。

「梵妮莎，」她朋友說，「看你的負面想法讓你幹了什麼傻事。你竟然為了讓他想念你，把歪腦筋動到水床上。真正的重點該是，你到底在哪裡？你有哪一點可以讓他想念你？你的笑聲、笑容和時尚感都到哪裡去了？你對桌遊的喜好呢？你熱誠的個性呢？你讓自己完全消失不見，然後再責怪他看不見你的好、或只是把你當成獵豔的對象。好了，現在你變成一個為了讓男朋友想念她，而把水床的水漏光光的瘋婆子。要知道，除非你先看見自己，否則沒人會想到你以及你有多麼特別。」

伊芙妮的話終於點醒了梵妮莎，她第一次注意到自己的負面想法。她知道水床這件事很可笑，但不曉得它與自己的負面思維是有關聯的。現在她必須看見自己的傷痛，感受它並親自將它處理好。她終於了解，除非她先看見自己的生命，否則別人也無法看見。

接下來的幾年，梵妮莎思考著自己是什麼樣的人，而不再將自己的命運與醫生娘、或某人的太太產生聯想。她開始做慈善義工，因為這是她想做的事；開始找自己喜歡的地方，而不是牽就別人喜歡的景點。她開始將自己的人生視為一顆需要灌溉培養的種子，而不是攀爬在別人圍牆上的藤蔓。她了解，把眼光放在別人身上會使自己偏離感情關係中的真正重點——她自己。

如此不斷地觀察省思自己數年後，她遇見了一位很棒的男士漢克，他全然接受梵妮莎整個人的原貌，而且很愛她。從此，水床事件成為梵妮莎和其他人茶餘飯後的話題。她往往會這樣結束她的故事：「如果你的想法是負面的，你的結局就是虛擲一天的光陰去漏光別人家水床的水；如果你的想法是正向的，你的結局就是幸福快樂，晚上也能一夜好眠！」

如同俗話說的：「我實在太空虛了，所以才會心裡都是你。」事實上，每個人唯一需要關注的（我們唯一能真正有所改變的）只有鏡子裡的那個人，而且它永遠是一種「內在」的轉變工作。

梵妮莎終於了解到，自己之前所做的那些舉動，並不只是為了要讓朗恩感受她的痛苦，而是她感覺自己被他遺棄。或許更重要的是，她終於了解自己怎樣遺棄了自己。她也發現，只要能允許自己接受傷痛，便有辦法檢視自己的遺棄感，並用愛與理解來面對它，最後得以療癒。傷痛的真正意義就在於此。

當你開始用不同的眼光來看這些感情關係，便會發現它們的來去各有其時。有些感情關係是一輩子的，有些則是幾十年，有些只有數年的光景，有些只有幾個月，這其中沒有好壞。不論這段感情多長多短，它的傷痛都值得你去經歷，因為分手的傷痛可以給予你機會，使你得以了解自己那些健康及不健康的原型。

當人發現分手後，自己不斷地對自己訴說著負面的話語時，有些人會感到非常的驚訝；但這同時也是充滿洞察力的一刻，因它可以帶引我們更接近真正的愛與療癒。我們了解（也許是生平第一次了解），從我們處理分手後的傷痛方式，便能得知我們交往時的行為和心態。不過終究來說，我們在發現這些負面話語的當下，便可以將它們轉為正向的肯定語，以重塑我們未來的人生與愛情。

那個錯的人可能是完美的人

許多人都會想，這段感情真令人失望、或是那段感情真是浪費生命，並覺得幾個月或幾年的光陰就這樣一去不復返。然而事實的真相是，不論我們跟對方的緣分是一星期、一個月或十年，每一段感情都是為我們個人特地指定好的。

瑪莉莎三十歲時還是單身。她之前談過兩次戀愛，但最後都覺得自己被人狠狠拋棄，於是她決定採取主動，讓一切都能在自己的掌握之中。她加入熱門的線上約會服務，並且每天上網看是否有人給她「眨眼」、「調情」或留言。

她決定跟每一位積極對她表示興趣的男士見面，於是有許多午餐、晚餐、咖啡、喝飲料等等的飯局。後來因工作上的需要，她出差到附近的一個州開會；在回程的飛機上，她發現隔壁座的男士似乎對她非常感興趣。

他很有禮貌地自我介紹，「我叫威爾。」

「我的名字是瑪莉莎。」

一個鐘頭後，兩人已經相談甚歡。瑪莉莎喜歡他充滿活力的樣子，而當空服員告知乘客待會兒要繫上安全帶時，瑪莉莎迫不及待衝去化妝室補妝。她看著鏡子裡自己的臉，想為他好好妝扮自己，繼而頓悟，他都看過自己沒化妝的樣子了，而且他似乎很喜歡我呢。

她回到座位時，威爾說，「如果你願意與我共進晚餐的話，我會很開心的，而且我希望你也會開心。」

她笑著說，「我從不會拒絕那些能令自己開心的事。」

「那麼，明天晚上如何？」

她很高興他這麼快就計畫好，甚至連時間和餐廳都決定了。

他們一起共進晚餐，並且像老朋友一樣地聊天。「那麼，我們的第二次約會，」威爾問，「明天晚上你有空一起吃晚餐嗎？」

她答應了。當天晚上用完餐，他說，「顯然，我很想再見到你，你哪時候有空呢？」

瑪莉莎說，「連續三個晚上見面似乎太過頭了，這樣會破壞約會的規則。不過，就讓我們打破它吧！」

他們的親密感很好；彼此的陪伴也不錯；而且，沒錯，他們的性也很棒。瑪莉莎強烈地覺得，他就是她一直在等待的「那個人」！到了星期四晚上，她說，「那麼，你週末都怎麼過呢？」

「我擔任非營利組織的顧問，」威爾說，「這個週末我要主持一個董事僻靜研習會（board retreat），但星期天的深夜就會回來。」

「你要去哪個地方？」瑪莉莎問，「我是否可以跟你一起去？你工作的時候，我可以自己去做個水療什麼的。」

「這次的研習會比較難搞，」威爾告訴她，「晚上有許多安排好的飯局，我完全沒時間陪你。」

瑪莉莎感到胃部一陣嚴重的抽痛，但試著不讓自己的感覺表現出來，因為她其實很想告訴他，至少晚上他們還可以一起睡呀。不過，她知道這樣講就太不識大體了。

「星期一早上回來時，我會打電話給你，到時我們再安排見面。」他說。

瑪莉莎魂不守舍地只想著他，而且暫停了約會服務網的會員服務。星期六晚上，她與姊妹淘見面吃飯，並告訴她們關於威爾的事。其中一位說，「你要慢著點，因為你還不真正了解這個人。」另一位說，「不要每一晚都碰面，別讓自己看起來那麼容易追；因為追不到的東西，男人才會愈喜歡。」最後一位說，「你們也太多疑了吧？就讓她好好享受，做真實的自己就好。」瑪莉莎只是笑笑聽著並不以為意，因為她相信現在的一切都是好的。

星期一的早上，她電話不離手，整個人急躁得如熱鍋上的螞蟻，直到十一點半，終於接到威爾的電話。

「你等一下有空嗎？」威爾問。

「我想，我今晚會有空。」她說。

他們倆都笑了。她感覺自己的痛苦消失了，因她原本就一直期待今晚與他見面。他們度過另一個美好的夜晚。跟威爾在一起的時候，她感覺到愛與完整，這是她從未有過的體驗。整個星期，兩人持續每晚約會。不過同樣的，在星期四的晚上，威爾告訴瑪莉莎這週末他要到別的地方：「連續兩個週末舉行兩場董事僻靜研習的情形並不多見，但春季比較會出現這種狀況。」

再一次，瑪莉莎在星期一的早上等待威爾的電話，但直到中午，電話還是沒響，於是她決定自己打電話給他，沒想到卻直接轉到語音信箱。下午兩點和四點的時候，她又打了電話並且留言，但都沒有回音。她開始擔心了，不過仍勉強控制住自己。一定是他沒想到僻靜研習活動的時間延長了，她想。但到了星期二，威爾還是音訊全無時，她開始變得非常害怕。他發生了什麼事？他還好嗎？還是他手機弄丟了？但就算遺失手機，他也可以向別人借電話打給她呀。

到了星期三，他的語音信箱只有：「您撥的號碼無法使用語音信箱。」瑪莉莎火大了。她打電話給一位姊妹淘，告訴她發生了什麼事。

「嘩，」那位朋友說，「你得放慢腳步，好好看清事實。畢竟你才剛認識這個人。」

星期四晚上，姊妹淘帶她出去喝酒，談談如何處理這件事。第一位說，「你有去過他家嗎？」

「我們打算很快就找個時間去，」瑪莉莎回答，「但他說一個紳士應該要好好護衛女士的安危。這就是為什麼我們每次約會結束的地點總是在我家。」

「意思是說，就像已婚的男人往往把老婆放在家裡是基於安全的緣故。」

這一控訴令瑪莉莎反應非常強烈。「威爾還沒結婚！」

她的朋友注視著她一會兒，然後說，「你想想看，他到了週末就不見人影，就是因為他必須待在家陪家人；他之所以離開，是因為他知道你們不會有任何結果。」

「也許他已經結婚了，」第一位朋友補充說道，「但他知道自己很喜歡你，結束這段戀情也是不得已的。」

瑪莉莎和朋友在一起還是無法得到安慰，於是她提早離開，並希望回家時能聽到威爾的電話留言。但答錄機沒有任何留言。

接下來的整個星期，她都在期待最後能有他的消息，即使是道別也好。又過了幾週，她的憤慨已經轉變成對男人混帳行為的狂怒。她開始懷疑自己的感情，覺得自己真的被騙了。很快地，威爾已經從「他會打電話來」變成「他不會打電話來」。

幾週之後，她發現自己還是會不時地打他的行動電話，但電話都無法接通。她最後得到的結論是，他應該是已經結婚了，否則為什麼連手機號碼都要停用？她也無法想像，他用的可能是「預付卡」電話號碼，因為若這真的是他的號碼，她一通電話便能摧毀他的婚姻。她的姊妹淘說得沒錯，她被騙了。她開始不斷想著威爾的謎團：他有家庭嗎？什麼樣的人會做這種事？威爾到底怎麼了？他為什麼要這樣做？這些問題在她心中縈繞不去。愈是想威爾的事，她就變得愈不快樂，被遺棄的感覺也愈來愈強烈。

瑪莉莎把自己關在家裡，整個人淹沒在失望與痛苦中，感受到前所未有的孤獨。但幾星期之後，她突然想到：為什麼我要為了兩星期的八次約會，而痛苦了整整五個星期？她感謝老天爺，幸好他們不是交往好幾個月，否則的話她得花上好幾年的時間來療傷。她了解到，自己的付出多過威爾應得的；但更重要的是，她不可能只是因為這個人，就傷痛到如此嚴重的程度。

六個星期後，瑪莉莎重新啟用約會服務網。她的姊妹淘很開心，但同時也鼓勵她，凡事慢慢來，讓自己放輕鬆。

「我傷痛了六個禮拜。」瑪莉莎說，「我非常的孤單，覺得自己總是被男人拋棄，但我再也不會這樣了，因為我開始相信，我的失落感與約會這件事沒什麼關係。」

「如果不想約會的話，你也可以不去。」一位朋友說。

瑪莉莎回說，「其實該改變的，不是約會這檔子事，而是自己那種老是覺得被拋棄的感受。也許說來奇怪，但跟威爾約會是很棒的功課，我確定他是對的人，因為他讓我看清自己做了什麼及如何自我欺騙。不過，為了改變自己及自己的想法，我可是費了不少的時間和工夫。」

她指的是她目前正在做的內在工夫和肯定語。她了解到，自己每天其實都不斷在肯定某些東西，而且通常來說，它們都是負面的，譬如：跟威爾在一起時我才感到完整；我需要某個人來使我完整；唯有處在交往的關係中，我才會快樂。

不過現在，她用新的肯定語來對治這些負面的信念，這些肯定語是她走過這段深刻的傷痛過程中學到的：

我為自己而存在於此。

男人也許會來來去去，但我永遠會愛我自己、支持自己。

我們不知道故事中的威爾後來結果如何，但無疑的，他也會學到他的人生功課。對於傷害她的威爾，瑪莉莎可以說：

我不擔心，因一切皆有因果。

他這輩子的人生與我無關。

也許聽起來很奇怪，但瑪莉莎知道，她與威爾的短暫相遇是一項禮物。就幫助她療癒遺棄感的問題來說，他扮演了完美的角色，而且在某些不為我們所知的層面而言，她對他也是完美的。

我們很容易下定論，認為瑪莉莎就是遇見一個大混蛋；但如此一來，宇宙這方面要怎麼解釋呢？難道宇宙只是隨機把瑪莉莎送到一個自私的人身邊？理由是什麼？只是想讓她的人生變得悲慘嗎？這其中有任何原因嗎？如果這是一個全知、愛著一切、並且永遠帶領我們走向療癒的宇宙，那麼它會把威爾送到瑪莉莎的面前，其中必定有很好的理由。由於她已準備好利用這男人及這時機來深入自己的遺棄感問題，因此就她的療癒而言，這個錯的人在許多方面都再完美不過了。

處在親密關係中的人，通常會有同一類的問題，只是問題剛好相反。例如，如果你為愛而掙扎，那麼你就會吸引在愛這方面有問題的人來到身邊；如果你有權力的問題，那麼你的伴侶也會有這方面的問題，但不一定是以相同的方式呈現，因此也可能不是那麼顯而易見。

如果某人因害怕自己缺乏力量而表現得非常跋扈，那麼他可能會找到一個順從的伴侶，因她剛好是那種害怕找到自己力量的人。如果一對夫妻有上癮方面的問題，那麼其中一方是上癮者，另一方則會扮演拯救者的角色或是關係成癮（co-dependent）的伴侶。如果恐懼是兩人共同的問題，那麼其中一人用勇敢和無懼來處理，另一人則會是羞怯又優柔寡斷。同類的人往往會互相吸引，但他們是「相反」的同類。換句話說，在任何關係中，都是一個願打一個願挨的。

這意思就是說，通常當問題發生時，其中一人會想透過對談來尋求解決之道，另一方則喜歡什麼都不做而讓事情自行解決。比較激進的那一方會去踩對方所有的地雷，而對方的「拒絕」處理也會觸動激進者的引爆點；總之，雙方都會認為對方有問題及其處理事情的態度不對，然而就某種非常真實的意義來說，這段關係以及那一刻，對他們彼此而言都是完美的。

冷漠與匱乏

配合對方跳起舞步的另一個例子是「冷漠與匱乏」。許多人處理的是被遺棄的問題，而其他許多人則是面對被控制的問題。因此當我們發現，某人覺得自己小時候遭人遺棄，而另一個人則覺得童年被人管得死死的，這也就不足為奇了。他們隨著年紀的增長，一個變得匱乏，一個變得冷漠；長大成人後，他們會開始交往，但這一點也不奇怪。或許這個例子聽起來太極端，但我們每個人的內在確實都帶有些許的冷漠和匱乏。

覺得被遺棄的那個人（匱乏者）通常時時擔心另一個人會離開，覺得被管太多的那個人（冷漠者）則害怕在這段感情中會受到過度的控制。而當宇宙神奇地將這兩人安排在一起療癒彼此，匱乏者最終將學會不再自我放棄，而冷漠者則必須學會擁有無人能控制自己的自信心。

害怕受到控制的人通常會變得冷漠和退縮，但如此一來，勢必也會引發伴侶擔心被遺棄的問題。然而其實沒人被控制，他們只是成了過去的奴隸，作繭自縛罷了。他們起爭執並感覺被控制的時候，其實是活在過去的陰影裡；真正控制他們的不是伴侶，而是他們自己的過去。

此時，以下的肯定語就可派上用場：

沒人能控制我，因我是自己的主人。

感覺被控制時，我願用愛來放下過去，並活在眼前的當下。

我能自由地做任何我想做的事。

選擇，永遠在我的手上。

害怕受到控制的人若想獲得療癒，就必須先認知到自己的自由，並了解其中的因果關係。由於療癒並非來自伴侶，因此即使他們完全有更換交往對象的自由，但結果很可能一樣沒有成長。他們也許會覺得目前的伴侶並非「首選」，但是別忘了，對方也可能抱持同樣的想法，而這種感覺可不好受。

害怕遭受拋棄的人也是如此，當他們感覺被遺棄，便可能從創傷中轉向其他人求援，而這自然也會引發伴侶的控制問題。處於這種匱乏的模式，同樣也是活在過去的陰影中。如果感情關係不斷存在著這種陰影，那麼不論對方做什麼，他們都會覺得自己是被拋棄的。

此時，以下的肯定語就可派上用場：

沒人能真正拋棄我，除了我自己。

我永遠在此支持我自己。

宇宙會愛我、呵護我。

冷漠和匱乏的人是一種常見的原型。事實上，所有的關係都是一種帶來療癒的完美設計。當你因感情結束而感到傷痛時，你可以選擇從中獲得療癒，也可以選擇停滯不前。感情結束當然令人傷痛，但同時也要思考一下自己從中學習到什麼，如此一來才能得到生命的禮物；否則的話，你將來還是會與其他人上演同樣的戲碼。

在感情關係中發現禮物

芭芭拉是一名治療師，她認識了在某家企業擔任業務工作的奎格。當時她年近四十，他則比她大幾歲。除了在大公司上班外，奎格也兼職命理師。他與眾不同並且追求不一樣的人生，芭芭拉很喜歡他這一點。奎格希望有朝一日能全職從事命理的工作，因他對於推銷那些人們不想要、或不需要的東西已感到十分厭倦，他目前的工作純粹只是追隨父親的腳步罷了。

另一方的芭芭拉則是個奇妙的自由靈魂，她擁有一頭陽光般的金色長髮。奎格很嚮往她的生活，因為她的人生是彩色的，而他的人生是黑白的。他開的是公司的車子，但她喜歡他經濟上的穩定性，每星期都固定有薪水收入。

然而奎格對自己的生活並不滿意，他決定想辦法走出自己的窠臼來進入她的世界。芭芭拉告訴他，這趟改變之旅的首要之務，就是要先找一位靈性導師。結果，他拜了一位抽丁香菸的美洲印第安人為師，並且也開始抽菸。芭芭拉很驚訝，因她不喜歡人家抽菸，想不到他竟然學會抽菸。當她告訴他家裡不准抽菸時，奎格主張他至少可以在小房間裡抽，最後他們妥協了。

他也認為，他應該放棄固定的收入，而且對世俗的商業世界說「不」必定有助於他的創意世界的進展。奎格認為公司在浪費他的生命，於是辭去工作，也放棄公司提供的車子和薪水。他想靠算命為生，但儘管一切都準備就緒，卻沒有任何顧客上門來。

「你打算怎樣建立你的命理事業？」芭芭拉問。

他沒有明確的回答，而只是認為聖靈應該會幫他找到客戶，一切自然會水到渠成。他也覺得自己不需要物質的東西，但他總會有出門的時候，於是就常向芭芭拉借車。她對於現在自己必須負責提供他交通工具一事，感到非常的討厭。

某天，在看了一整晚的命盤後，奎格告訴她，「直到明年的年底前我都不會賺錢，這是命盤顯示的。所以在那之前，我得先向你借錢用。」

他連問都沒問，而是直接告知芭芭拉，彷彿他已透視未來似的。最後她收到信用卡的帳單，成為壓垮他們關係的最後一根稻草。她甚至不知道，一直以來她都在為奎格的抽菸習慣支付菸錢。此時芭芭拉知道，這段關係已不再是她想像中的樣子了。最後，她用一千二百美元買了一部二手車，告訴他說，「這算我送你的，你自己去圓你的夢吧！」

他心不甘情不願地離開了。儘管提出分手的是她，但她仍感受到某種背叛與遺棄感。她覺得奎格掛羊頭賣狗肉，一步步引誘她掉入陷阱。身為一名治療師，芭芭拉相信兩個人在一起是為了成長，但他們怎麼會成長到以分手收場呢？奎格提出的那些靈性上的藉口，使她覺得自己被利用，而且人財兩失。在傷痛中，她也很氣自己為何沒早一點堅決地制止他。當初看命盤顯示事情正往壞的方向發展時，她卻視而不見；除了為了給奎格更多自由的餘地，也因她不想對他的靈性旅程造成阻礙。

分手後，她對自己說，我真是個白癡！並用這一問題不斷攻擊自己：我怎麼這麼笨啊？她開始給自己的錯誤增添許多的能量。此時，她的一位朋友插話說，「別再這樣說了，芭芭拉。你不是笨的人，但你卻把自己扮演成不擅於感情和生活的人。」

芭芭拉了解到，她先前認為「人是在一起成長的」，其實這只對了一半。沒錯，最終人都會有所成長，但卻不一定是要在一起。身為治療師及靈性追求者，她錯誤地以為，所謂的成長是走向彼此，而不是走向彼此更高的美善（higher good）。她最後終於明白，自己的感情關係都受到恐懼的控制；害怕自己會孤單，害怕男人會離開。然而，一旦她能停止在「某件事出問題」或「他是錯的男人」的想法上打轉，她便能看見其中的人生功課，並且開始明白：即使自己的知見錯誤，這其中也存在著療癒的功課。她會開始了解，得到自己「想要」的東西，與讓事情朝更高的目的發展之間的不同。現在她試著想活出下列肯定語所描述的生活：

我所有的感情關係都由愛引導著。

每段感情都是為了走向我最高的美善。

我感情中所發生的事都是好的。

跟我在一起的人，都會為我帶來生命的禮物。

幾年後，芭芭拉與奎格在臉書上再次相遇。她已完成心理學學位，目前是私人執業的心理師，而奎格則忙著準備如何在二〇一二年的世界末日存活下來，因他對此深信不移。回顧他們的人生交會，這段感情對芭芭拉而言顯然並非注定要天長地久，而是透過這段關係來讓他們看見彼此的世界，然後走向各自的天命。這其中沒有輸贏，因感情關係本來就是這麼一回事，即使我們多麼想讓它們變得更不一樣、更深刻或更令人滿足，情形也不會有所改變。

分手後，有時我們會尋找新的戀情，因此別忘了：當你做好學習新功課的準備，老師就會現身。同樣的，當你再次進入感情關係的時機來臨，「某個人」就會出現。

對許多人來說，把心思放在那些吸引自己的人身上可是一項挑戰，因他們會有心動的感覺或一見鍾情，但他們的愛或感覺在某些情形下不一定會有所回報。因此要記住，我們永遠都能作出選擇：我們可以繼續追求這些人，也可以懷著滿滿的愛將他們交給宇宙。

童話思維

電影中，當主角愛上某個人，但對方卻沒回應時，他（她）會繼續不斷追求這段沒回報的愛情。到了結局，被追求的那個人（通常是出現在盛裝的公共場合）才了解到，原來主角真的是自己的真命天子！然而在現實生活中，我們多數人只會聽到，「謝謝，再聯絡。」或是「不好意思，你不是我的菜。」

此時，你的想法會是什麼？現在她不要我，但有一天她會的。或者是，我會讓他愛上我的，或是有一天我一定會得到他。你能單純地接受事實嗎？你為何要讓童話的思維操縱你的想法？此時是你天人交戰又該傷痛的時候，你能全然經歷這失望的傷痛，並且停止它嗎？為何要追求一個不要你的人？為什麼要讓自己有那種匱乏的感覺？

將想法改成以下的肯定語吧：

那位會愛我的人，已在走向我的途中。

那位對的人會知道我是誰。

我不必說服任何人來愛我，因為對的人自然會愛上我。

感情結束的傷痛有時會使你誤以為，事情解決不了或自己的人生出了差錯。當然，分手後的孤獨令人心痛，但若只是把思考的焦點放在自己的孤獨上，那麼你會變得更加悲慘。承認事實，並敞開心胸讓自己有更多的正向思維才是正確的。

看著你的傷痛，問問自己：如果這一切的發生原本就是注定好的，那我會有什麼不一樣的感覺？

一旦你能讓自己從分手的傷痛中抽離出來，你便可躍入內在舊有的創傷，最終並能從它那深邃的洞穴中脫離。在這傷痛底下，你可能會發現某種不斷重複出現的被遺棄感，它或許是源自於童年時被父母拋棄，或是初戀時被人一腳踢開的經驗。儘管這些內在創傷的療癒並不保證你的下一段戀情就能美滿，但你會清楚了解到，感情關係永遠不會真正出差錯。如果你覺得結束感情真的難如登天，那麼要知道，你並不是唯一一個這樣想的人，因為大多數人都知道如何開始及結束感情，但卻很少人學會如何圓滿它們。

所有的感情關係都是被指派來為你進行療癒的，因為每一段感情結束後，它的傷痛都會為你打開一扇窗，使你能治療創傷並且重新出發。每一段感情都為你帶來面對恐懼和憤怒的機會，但更重要的是，它們使你有機會更接近真正的療癒和真愛。

畢竟感情關係是我們的指引，它們具有神祕又奇妙的力量，教導我們彼此互愛互敬，這當然也包括愛自己、敬重自己。或許它們並沒如我們所願成為天長地久的感情支柱，但分手後的傷痛卻可以提醒我們，不但不會因此殘缺不全或不完整，而且還會將我們帶向療癒。如此一來，我們便能放下愛情中那不堪一擊的承諾，也會將誰會愛我們、及愛多久的問題擺在一旁。我們會超越分手這件事而找到神奇又神聖的愛情，那是由一股比我們更偉大的力量為我們量身訂做的。

許多時候，你的愛情並不符合你的期待，而且你很容易就會下判斷，認為這個人或這段感情是錯誤的。你會對自己說，這簡直在浪費時間！但宇宙中沒有浪費這一回事。

假設宇宙為你送來一位非常貼心、可愛的人，但只要你的意識還沒準備好，那個人在這個時間點對你來說，就不是一個正確的人。目前與你在一起的人，就是上天安排來為你療癒的；當你接受他（她）為你人生這階段那個「對的人」，你便播下了神聖的種子，而它們將會以你無法想像的方式來療癒你。

宇宙會為我送來完美的人，來讓我學習完美的功課。

幸福是我的天命。

一切人、一切境遇，都帶我走向更高的美善。

接通內在的愛

關於「愛自己」（最大的愛就在你的內在）你可能早已耳熟能詳，因此我們想用一點時間說明如何愛自己、以及它會有效的原因。

也許你會納悶，為何我們需要在探討分手後的傷痛的章節中談論愛自己。雖然我們必須認識哀傷與孤單、並看見它們也有可貴之處，但它們背後其實是一股極大的空虛感，它遠超過另一個人離開時所留下的空虛。這種空虛感時常會引發許多痛苦，不亞於失去某人般的悲痛；但這種空虛感並非源自於另一個人的離開，而是來自於不愛自己。

你可將它想像成一個大水箱：如果你的水箱完全是空的，那麼當有人過來注入情感與溫柔，你就會感覺美好的愛進入你的生命，但你還是會感到極度的匱乏，因你的水箱會隨著感情關係的漲退而產生戲劇性的起落。接著，當那個人離開，你就又什麼都沒有了，這種空虛會令人產生極大的痛苦。

然而，要是你有自己的貯水池呢？如果對你來說，別人過來只是額外多一些水，那麼你的感情關係又會有什麼樣的不同？事實上，你的傷痛只是顯示你在這方面表現的水位計罷了。

娜歐蜜在單身聯誼會中認識了一位非常風趣的男士蓋瑞。她很高興他們能在那裡結識彼此，因為這樣就可免去他是否對誰有興趣的猜測，而這正是聯誼會的目的。三個星期中，他們出去見面幾次，而娜歐蜜也很樂於進一步認識蓋瑞。但她並沒有長久的打算，相反的，她只是享受彼此在一起的時光。

有一次看電影的時候，他們巧遇娜歐蜜的朋友，並且受邀參加星期六晚上的舞會。他們說好在一家俱樂部碰面，當天大家也都玩得很開心。後來，有一對情侶拿出手機拍照，他們先請娜歐蜜幫他們拍。接著，娜歐蜜也拿出自己的手機，打算與蓋瑞一起拍一些照片。擺姿勢的時候，蓋瑞的手臂溫暖地抱著娜歐蜜，她突然感到一股很大的愛。當她的朋友說，「為了保險起見，再拍一張！」時，娜歐蜜整個人都已融化在蓋瑞的懷裡了。

第二天早上，娜歐蜜拿照片給朋友看，朋友說，「你們兩人看起來玩得很愉快喲！」娜歐蜜想到蓋瑞抱著她時所感受到的那種愛的感覺，也想到現在的自己與十年前有多麼大的不同。要是在十年前，她就會說，「我從沒有過像昨晚那種愛的感覺。蓋瑞真是太神了，他一定是我的真命天子！」

由於這些年來她已做了許多內在的功課，因此了解，其實蓋瑞並沒有給予他們在一起時那種獨特又不可思議的愛。她知道，他不過是牽動了那早就存在於她自身裡頭的愛。換句話說，並不是蓋瑞的擁抱帶給她那一股愛的暖流，而是她在不知不覺中決定去感受那種愛的深度。在理性上她也明白，蓋瑞雖然是不錯的人，但經過三個星期的約會，她也無法認定他是她人生中最棒的愛情。

此時，你也許會很想知道，他們後來是否有繼續交往。蓋瑞和娜歐蜜確實繼續約會著，但她會補充說，他們是理智清醒地交往。她知道，自己已避開一個巨大的陷阱，沒有重蹈過去舊有模式的覆轍。若是在過去，她會相信自己遇見最神奇的人，並視他為世上唯一能打開她內心深處的愛的男人。她會覺得自己需要只有他才能給出的那種愛……但現在，她有了更多的了解。

也許故事中的這一點聽起來像是陳腔濫調，但事實上，確實沒有任何人是你愛的泉源或握有打開你真愛的鑰匙。真愛永遠只存在於你的內在，而且是由你有意或無意地決定自己要不要接近它。在傷痛中，你很容易就認為愛與對方一起離開了，而你現在是空虛的。但我們要在此提醒你，你之前感受到的愛其實現在還在你裡頭，它已準備好，並且在等待著你。你人生中下一個新的人並不會替你找到它，但只要你真正敞開，你便可以隨時感受到它。

我需要的愛都在我裡頭。

別人只不過是使我憶起，那早已存在於我內心深處的愛。

療癒過去

你的心經常在自我交戰，並利用你周遭的人事物，在3D的世界上演你內在衝突的戲碼。傷痛的時候，也是你回顧過去、檢視自己思維模式的時候；但如先前所說，回首過往並一再地活在過去，既令人痛苦又沒生產性。

如果你有勇氣深入檢視自己的過去，而不帶著責備、批評和吹毛求疵的態度，那麼你便可以看見自己的想法產生的方式及其內容，並發現自己的行為所形成的蛛絲馬跡。傷痛就是以這種方式為你打開機會的窗口，不僅讓你深入檢視這段感情是如何結束的，也使你了解當初建立這段關係時自己所抱持的想法。

接下來是有關卡拉的故事，她勇敢地以觀察者的角度來深入檢視自己的過去。她知道自己從有記憶以來，就是個不快樂的人。「我會說我的不快樂是天生的；儘管說這不太可能，但基於某種原因，我從來就不是個快樂的孩子。」她說。

卡拉覺得自己的人生像是個受害者，而且在長期的傷痛後，她仍不自覺地持續不健康的感情模式。其中一個例子是在她二十八歲那年與班恩（那位不承認是她男朋友的人）的分手。

卡拉知道，就大眾的標準來說，自己還算是個美女。她身材高䠷、擅於運動、風趣、伶俐，並對各種不同的文化都深感興趣。平心而論，她知道自己是個人人稱羨的「好對象」。然而遇見班恩後，這一切都改變了。她突然覺得自己「沒有吸引力、不值得人愛，而且一文不值。」她開始相信，自己永遠不會快樂也找不到愛。就算找到愛，也只如曇花一現，終究以傷痛來收場。

她回憶說，「當時我的心都碎了。後來我與班恩分手，因他已結識另一個令他傾心的對象，那是他願意真正承認的『女朋友』，而且會為她做那些他從來不會為我做的事。」她覺得自己的人生彷彿在告訴她，其實妳是不夠好的。「這傷痛使我哭了一天又一天、一星期又一星期，」她說，「我很納悶自己到底哪裡錯了？我不曉得為何老天爺和宇宙要這樣一次又一次地懲罰我？難道我不能像別人一樣值得人愛、值得擁有幸福嗎？我就是那麼不一樣嗎？當時我整個人都被傷痛淹沒了，而且我的負面態度也差點讓我丟了工作。」

然後，她忽然開竅了。卡拉終於能看見自己有良好的外在條件，但更重要的是，她認知到自己內在的空虛、負面和匱乏。她想到，我不會想跟自己約會，因我不想跟一個沒自尊、不喜歡自己又沒自信的人在一起。如果連我都不想跟自己約會，那麼有什麼理由要別人跟我約會呢？

她知道，此時該是她成為她想要的自己（或者更正確地說，真正的她）的時候了。她找到某個肯定語的各種版本，並且每天覆誦它們。她會對自己說：

我愛自己。

我寬恕自己。

我全然放下過去的一切。

我是自由的。

卡拉決定，她會「假裝」直到「成真」為止。她知道自己必須去做「充滿愛的人」會做的事，同時她也了解，與其讓負面的舊有想法一語成讖，還不如選擇做這個決定。這與匿名戒酒會（Alcoholics Anonymous）的格言非常類似：「假裝自己有新的想法，會比想自己有新的作法來得容易。」她認為這個聲明很有道理，因她知道自己並不完全相信內在的她是非常棒的。

當卡拉開始留意自己的負面思維，並用更正向的想法來取代時，有兩次她的內心突然有了靈光乍現的領悟。第一次是在她約會的時候，當時她問自己，此時，有自信的我會說什麼？

她很訝異自己可以那麼輕鬆自在。對方還看著她的眼睛脫口而出，「你好有自信啊！」

她回想，「那一刻，我確實覺得好有自信。雖說是假裝，但其中也有幾分真實。」

二十九歲時，卡拉的自信達到自己以前意想不到的程度，因她已分不清楚自己是假裝有自信，還是真的有自信；不過她知道自己不一樣了。她覺得「假裝直到成真」這句格言，其實有更多部分是在講假裝某種感覺。她不知道那其實就是去做某件事，使自己的身、心、靈都與那早已存在自己心中的某個信念連結為止。也許它被埋藏在內心深處隱而不現，但她了解，現在她正調整自己的身心，使它們能再次與自己的實相協調一致。

第二次是發生在新年前夕。卡拉知道自己有許多要下工夫的地方，對於今年的新年展望將不會是想去哪裡玩、或想做什麼事，而是自己想成為什麼樣的人。她告訴自己，我要成為一個有自信、充滿愛又快樂的人。

於是，卡拉開始視自己為一個掛著大大的笑容走在街上，而別人也會變得步履輕快地報以更大笑容的人。

先前她想從外在的來源（約會、工作和朋友）找到安定，但最後都事與願違。現在她已了解，她必須先在自己的內在找到這些才行。她感受到一股驅使她改變想法的力量，於是她在一張紙上寫下：

我愛自己、**接納自己**。

因為我值得。

她將這張紙條貼在浴室的鏡子上，早上醒來第一件事就是看見它，刷牙時就重複默唸這些肯定語。而這些字句也透過她的頭腦和潛意識不斷地提醒她：

我愛自己、**接納自己**。**因為我值得**。

卡拉從二〇一二年一月一日開始做這件事，經過一段時間後，她知道自己再也不需要那張紙條了，因為每一天這些話已經會在她的腦海裡自行重複一整天。一年後，在二〇一三年的元旦，她對著鏡子笑著說：

我愛你。

我真的真的很愛你。

「我確實真的感受到它。」她說。「這是我這輩子第一次能夠看著鏡子，並且知道我是真的愛自己。」對一個一輩子都在自我憎恨的人來說，這真是個無法言喻的奇妙感受。我知道自己還必須努力、還要給自己和他人更多的愛，但能夠感受到愛自己，並吸引更好、又更充滿愛的人來到我生命中，這對我來說已經是個驚喜了。連我的朋友們都發現我去年的轉變，他們說，那是他們見過我最快樂的時候。」

最近，卡拉新添了一位室友艾倫。她讓卡拉想起自己幾年前的樣子，她會自我懷疑、自我批判，並總是向外尋找愛與幸福的來源。於是她建議艾倫仔細聽聽看她對自己說了多麼負面的話，並告訴她當初自己是怎樣用正向的肯定語來取代負面的思維。

艾倫雖然回道，「嗯哼，這是個不錯的主意，」但從未付諸實行。幾個月後，卡拉聽見艾倫又繼續在無情地自我譴責，她想要停止艾倫這樣的行為，不過她曉得艾倫邁不出這第一步。因此，卡拉拿起紙筆，寫下一些肯定語交給艾倫。當她看見卡拉寫的內容時，人卻哭了起來。

「你為什麼哭呢？」

「這根本不是真的。」艾倫說。「因為我不接受自己，也不愛自己。」

卡拉笑著告訴她，「所以它們才叫做肯定語呀！你何不先假裝一下，直到它們成真？」卡拉發現，雖然她很喜歡為他人付出愛的那種感覺，但她更喜歡愛自己的感覺，她試著向艾倫說明這一點。

最後卡拉終於了解，她有能力給予艾倫更多正向的選擇，但她真正的力量是親自去實踐，以身作則。現在她真的相信，男人來到我生命中，他可以為我的人生增添風采，但他無法定義我的人生。

無論如何都要愛自己

雪麗跟比爾交往了四年。長久以來，她一直覺得這段感情哪裡不太對勁，但就是不敢提分手。她一再地告訴自己，「如果分手，我就找不到其他的對象了。」儘管她竭力想得到比爾的愛，但總是感到失望和沮喪，因她的內心深處知道，想要比爾愛她是不可能的事。所有的方法她都試了，包括買昂貴的禮物送他，但她覺得自己永遠得不到對方的任何回報。她真的覺得他並不愛她。

某天晚上，就在雪麗因試著成為他的完美女友、完美聆聽者及完美的一切而精疲力盡後，她癱坐在浴室的地板上，絕望地大聲哭了起來。她覺得，對他而言，自己就是不夠好，就是不值得被他所愛；但如果分手，她就永遠孤伶伶一個人了。然而，即使是在浴室的地板上啜泣，她的內心深處也隱約知道，其實她並沒有誠實面對自己。

當雪麗站起身，望著鏡中的自己，她看到的是深深的傷痛與絕望。此時，她的心轉移到自己的影像：「我得幫助鏡子裡的這個女人！」她告訴自己。這是這幾年來，她第一次對自己這麼慈悲又有愛心。不久後，她終於找到與比爾分手的力量。

一開始，雪麗受盡傷痛的折磨，甚至比以前更加絕望。於是她去找朋友，而朋友給她一本關於肯定語的書。她幾乎每讀一頁都會哭起來，因為一直以來她對自己說的那些無情的話語，恰恰都與那些肯定語相反。她終於了解不只是她的男朋友對她很壞，其實她對自己也是同樣的無情。於是雪麗回到浴室，面對同一張鏡子，對著鏡中的自己說，「我愛你。」

剛開始時，她覺得有點彆扭，不過感覺還挺好的，所以就繼續做下去。很快的，她就發現，肯定語和鏡子練習（mirror work）做得愈多次，那些舊有的思維就會漸行漸遠。最後她終於看見了真相，無論如何她都愛自己。而這句話也成為她前三個月的肯定語：

無論如何我都愛自己。

這句話剛好是雪麗需要的，因她知道自己可能將所謂的「愛自己」扭曲成「只要我沒這麼老，我就會愛自己」，或是「如果我的感情關係沒那麼糟糕，我就會愛自己」，不過只要加上「無論如何」這幾個字，她就能免去這種曲解，並且發現自己可以同時愛人與被愛。她很訝異，這種看似微不足道的內在工夫竟然改變了她的一生。

雪麗還是會想到自己的年華老去，但她不會自我催眠說自己是年輕的、或看起來依然青春，因為那樣的作法是錯誤的，它只會使她相信自己應該維持在某個更好的年齡，而不是現在的年齡。她現在不這麼做了，她的注意力不再放在內在的自我批評上，而是開始肯定：

我的靈魂是青春的。

對於人生，我永遠充滿活力。

有一天，人們開始注意到雪麗的容光煥發，而她也發現近來自己的生活變得更為精彩。她感覺自己洋溢著幸福！然而有些時候，她也會被自己的進步嚇到，或又悄悄地產生懷疑，此時她就會說：

無論如何我都愛自己。

就算我嚇到了，我也愛自己。

就算我覺得我的人生好得不像話，我仍然愛自己。

對雪麗而言，要擺平負面的自我對話仍是一大挑戰，不過她已明白，早上帶著正向的心態起床，感受自己身體的美妙而不在乎它是肥是瘦，這種感覺多棒呀！對她來說，這真是個重大的啟發。雪麗也發現，即使獨自一人出門，她也不覺得寂寞，因一整天都有正向的肯定語陪伴著她。她在屋裡及車上都放了卡片和提醒語：

我的生命是如此美好。

無論如何，我都感激我的生命。

我愛生命，而生命也愛我。

最後她終於明白，與比爾分手其實是件好事，因她獨處時發現，原來有比他人的陪伴更棒的東西：愛自己。

鏡子練習是培養自我價值及愛自己最快的方法，方法如下：

選一面小鏡子，看著自己。若有抗拒感出現，要知道那是源自於你覺得自己不值得人愛的那一部分。不管怎樣，你就是盯著鏡子看，然後告訴自己：

我愛你。

我會善待你。

我如實地愛你、接受你現在的樣子。

每天起床或睡前做這個練習，當作是給自己的禮物。與自己作個約定，這一天只要經過鏡子面前，就大聲或默默地對自己說一些正向的話語。

今天你看起來好棒。

我很開心跟你在一起。

好事即將來臨。

顧好球場上自己的這一方

想像你的世界是一座網球場，你與某人正在打網球。你只能掌握自己的想法、行為和意圖，而無法控制對方的行為或想法。傷痛或交往時，你不知有多少次想策動、控制或操縱對方的行動，然而你真正應該做的是，掌控自己的身口意，顧好球場上自己的這一方；你必須將焦點放在自己的行動及宇宙如何回應你，而這一切就從你的思維開始。

肯定語能幫助你保持正向的思維。不論是分手或感情出現問題時，你都要留意自己的想法。你可能會想：也許我把這段感情當成萍水相逢就好，或儘管他對我不好，但人非聖賢孰能無過。

表面上看起來更有愛、或更具靈性一點的想法是：我應該接受他現在的樣子，如實地處於現狀；然而這種想法不一定對你有益。你應該問自己：真實的他，能為我的人生帶來愛、光明和喜悅嗎？還是說，這只是帶來許多不幸的一時迷戀？

有時候，你的頭腦會叫你繼續停留在一段糟糕的感情關係，因你覺得自己需要有個「占據者」，一個你認為愛你、支持你的人。倘若把想法看成是一種能量，那麼你所吸引或勉強接受的是什麼樣的能量？誰又該為它負責？當一段感情結束，人往往還不斷想著對方：她（他）在想我的事嗎？她（他）也想念我嗎？她（他）是否也像我一樣在分析這段感情？

所有的這些想法都是停留在過去，並且你眼中的過去很可能與事實大相逕庭。考慮一下，把你的念頭和能量都帶回到當下吧！讓自己重回球場上自己的這一方，因為如果你老是想著別人，那麼誰來處理你的人生呢？又有誰來關心你呢？說穿了，你不過是想從分手的對象身上得到被愛與關心的感覺罷了。你應該檢視一下，你是多麼不愛自己、不關心自己，你為自己的生命付出的實在少得可憐。而當你執迷不悟地想著他人時，無異是免費讓別人來占用你的意識。

當你帶著溫柔與慈悲來省思這段感情關係時，請注意你是如何委曲求全、讓自己與頻率不合的人勉強在一起。也許聽到這個，你會突然感到一陣痛楚，並且說：「可是，我們以前真的很合呀！」就算曾經有段時間你們確實合得來，但你現在心碎地坐在這兒，就表示事實再也不是如此了。在你人生繼續向前邁進的同時，請用更高的角度來思維。要感謝宇宙讓你從這段感情中學習，因它幫助你療癒，並使你憶起自己的真實面目。

讓自己的心開始充滿正向的肯定語吧！別說「這段感情，他還沒準備好」，試著改口說：

我期待新的戀情。

別去想他為什麼不要跟你在一起，而是去想：

我會吸引那些想要跟我在一起的人。

要記住，宇宙會測試你；它可能會為你帶來一些矛盾的人，他們並不清楚自己是否要跟你在一起。然而你務必要堅持這個信念：

我會吸引那些想要跟我在一起的人。

傷痛的時候，你會更看清楚自己的自尊；你的自我對話會變得更清晰可聞；你可以觀察自己有哪些地方需要注意。此時，你正可以有效地療癒你的舊有模式。

舉例來說，你去餐廳點了一份鮪魚三明治，但服務生卻送來培根起士漢堡。如果你是具有高度自尊的人，你會說：「這漢堡看起來不錯；但我點的不是這個，我要的是鮪魚三明治。」你本來就該得到你點的三明治，因為它會帶給你喜悅，使你對自己感覺良好。反之，如果你是自尊很低的人，你可能就會不敢表明；即使這不是自己點的食物，也會委曲求全地把漢堡吃下去。

感情關係也是如此。如果一段感情無法反映真實的你、無法給你想要的，為什麼你還要接受它？如果你那重要的另一半無法帶給你喜悅，那麼就千萬別再點選同樣的愛情了。試著做以下的練習：

列出所有你從一段感情中獲得的東西。例如，你可能得到愛、陪伴或有人在家為你做三餐。請務必至少寫出五項。

接著，列出所有你想要、但卻沒得到的東西。例如，你可能沒得到對方的體諒、讚美或鼓勵。請務必至少寫出五項。

兩張表完成後，重新檢閱第一張，並將列出的這些東西送給自己。接著拿起第二張，在心靈上祝福對方能擁有這些東西。舉例來說，如果你在第二張寫沒有獲得滿意的性生活，那麼就祝福對方將來能擁有美滿的性生活。

或者，當你突然又想起對方時，就送愛給他、祝他一切安好。當你的心跑到球場上的另一方，想著他在這段感情中扮演的角色時，此時就要提醒自己「跑錯邊」了，並對自己說：「我要用愛來療癒自己在這段感情中扮演的角色。」

當你看見對方已繼續過著他的人生，此時要提醒自己，你要用愛來呵護你的人生，而不是照顧他的人生。總之，你得把注意力集中在如何增進你與自己的關係上。與其跟前任藕斷絲連，不如用更多的愛心和慈悲來增進你與朋友或家人的關係。試著應用這句肯定語：

今天，我把愛帶入生命，並帶給我遇見的每個人。

藉由回顧過去，現在你可以更了解自己，也更清楚你要的是什麼。有時候，回想過去有哪些地方感覺對不對勁，是你發現自己在一段關係中想要什麼或不想要什麼的好方法。也許你不喜歡伴侶沒時間陪你的那種感覺；也許你不喜歡每週末都待在家裡，因為你比你的伴侶更愛社交；又或者你不喜歡伴侶對世事漠不關心的樣子，因為你是很熱衷時事的人。

試著退後一步來看清整個面貌，並了解所有的感情關係都是為了療癒而來。倘若你沒有從感情關係中獲得療癒，那麼這段感情就會顯得哀傷又毫無意義，你也會感覺非常空虛。然而，如果你能明白，對方進入你的生命是為了帶你進入下一階段，那麼你便會知道，你是活在一個永遠會為了你的幸福著想而為你安排一切的宇宙。

重複這句肯定語來接受療癒吧：

過去的感情關係已經圓滿，現在我接受療癒。

以下的肯定語能有助於你邁向下一階段的成長：

我會吸引令我滿意又有趣的戀情。

如果所吸引的是我不滿意的戀情，那麼我會將它們退還給宇宙。

當你處於分手的傷痛並尋求自我療癒之道，你便會發現，你可以成為自己真正該成為的人。因為傷痛會引發你的成長，並為你打下新的基礎，以接受來自宇宙的更大禮物。

你無法給出自己沒有的東西，這是感情關係中最重要功課之一。換句話說，如果你覺得自己不值得愛，那麼你就得不到愛。因此我們才會說，成長是一種內在的工夫。最偉大的愛可以進入你的生命，但只要你覺得自己不配擁有，那麼你就得不到它。也許你會認為，這是取決於對方的；但最終顯示的真相是，「愛的給予與獲得」的能力完全由你的內在決定。

但願你已開始檢視自己在感情關係中的思維模式。你現在可以明白，傷痛如何能使你一窺自己的感情互動；你可以不再把過去視為一種錯誤，並了解是這段感情把你帶到一個新的起點。在愛裡，沒有錯誤的人，只有完美的老師。當感情破滅時，唯一要做的就是戴上氧氣罩，照顧好你自己。要溫柔地善待自己、愛自己。

接下來的一章，我們將檢視另一種形式的失落（以離婚收場的婚姻），並繼續我們療癒的旅程。

/第三章/ 離婚可以非常不同

Doing Divorce Differently

──婚姻不論長短，都可以是成功的婚姻，能掌控未來的只有自己，而非前任配偶。離婚是種結束，但也是一個新的開始。你的美好來自於看見你未來的幸福。

許多人都覺得，婚姻無法天長地久是一種失敗。如同有人說，真正的人生要活到九十五歲才算完整。很多人也相信，唯有「至死方離」的婚姻才是成功又圓滿的。然而事實的真相卻是，婚姻不論長短，只要它能達到原本的目的，就是一種成功和療癒。若不再需要婚姻了，它便可以功成身退。不過，我們當然知道，把以離婚收場的婚姻說成是一種成功，這的確是極端又不尋常的言論。

人生的真相在於，人的幸福並非仰賴在那些為了「更好」而改變的感情關係上。婚姻會結束，通常都是雙方面臨到彼此無法改變對方的事實。他們也許嘗試過想透過改變對方來維持這段婚姻，但直到離婚後，他們終於知道這是行不通的。

一旦了解這一點，你便會停止問：「如果她（他）一直都不改變呢？」而是開始相信：「如果她（他）本來就不必改變呢？如果我們本來就該離婚呢？」如果你想在人生中做真正的自己，難道你不也該讓對方做真正的自己，即使必須結束這段婚姻？

如果你已離婚，你就得問自己：我付出和接受的愛，是建立在我童年時期所定義的那種愛嗎？我的父母時常吵架嗎？他們已經離婚嗎？在這段婚姻裡，真的有我想付出和接受的那種愛嗎？如果在你的眼中，愛充滿痛苦、複雜、權力鬥爭和殘酷，那麼檢視其中的原因是相當重要的。

人所選擇的結婚對象，通常會受到成長過程的影響。這種說法並非要把責任推卸到你的父母身上，因為一般說來，人到了二十五歲就得自己負起責任，不可再卸責給養育你的父母。然而有時候，人在離婚後會花很長的時間分析婚姻失敗的原因、自己做錯哪些事……等等。也許經過反省後，你會驚訝地發現自己成長過程中所目睹的一切，會正確或錯誤地教導你處理感情與婚姻的方式。令人訝異的是，你百分之百沒有失誤，因你是完全按照童年時期的「典範」依樣畫葫蘆，但在離婚之後，你有能力為自己選擇新的命運和實相，因為新的思維會引領你走向新的境地，正如同扭曲的想法會使你深陷泥淖的道理一樣。

三十四歲的艾丹是律師，除了婚姻外，他的人生在各個方面都十分成功。他在失婚男士的團體聚會中說，他對自己的感情生活感到很懊惱，因他真的覺得自己應該跟前妻在一起才對。他繼續說道，自從兩年前離婚，他就試著與她發展友誼的關係。每當他們相處融洽（彼此都感受到對方的友好或溫柔）時，他就會說出像「你看，就說我們應該在一起的嘛！」之類的話。

每次的愉快相處，他都會解釋成這是他們注定要重修舊好的徵兆，但他的前妻卻會說：「你為何無法接受我們的婚姻已經結束，而現在只是朋友的事實？」這使他感到很氣餒。他跟在座的團體成員說，他知道如果自己能接受事實（他偶爾可以做得到），那麼一切就都沒問題了。

「當你處於接受的狀態時，」團體帶領人問他，「你的內心是平靜的嗎？」

「接受是接受了，但它無法一直持續下去。」艾丹回答。「我的內心其實並不是很平靜，而且似乎往往會變成負面的。」

「它之所以會變成負面，」團體帶領人指出，「是因為你在接受的同時，心裡頭還在想：現在她會回來我身邊了吧？這就談不上是真正的接受。它不過是頭腦在玩的把戲，它只是在告訴自己：『如果我接受了，她就會回來我身邊。』」

我們來仔細檢視一下艾丹告訴自己的這句話：「我們應該在一起。」單單這一句話，就隱含了許多負面的訊息，例如：

這件事，宇宙搞錯了。

目前的現狀不好。

我的前妻沒過著她應有的人生。

我沒過著我應有的人生。

愛出錯了。

事情並不如意。

檢視這個狀況我們會發現，艾丹並沒讓自己哀悼本身的失落，而且只要他還相信不該發生離婚這種事，他的傷痛就無法痊癒。事實上，否認對他一點好處也沒有，只會讓傷痛過程中的接受階段的時間拖得更長。

其中一個實例，就是你會聽見有人說：「比起生離來說，死別還比較容易熬得過去。」因為當你知道對方已經死了，你就會真正覺悟：你在世上再也見不到這個人了。知道對方永遠走了，這是療癒的起點。然而，當對方還活在世上，只是他（她）選擇離開了你，那麼你的扭曲思維便會告訴你：「事情不一定就此結束，我們還是可能在一起的！」通常我們把傷痛中的這種扭曲思維，稱之為討價還價或奇想（magical thinking）。

當然，附帶一提，只要艾丹和他的前妻還活在這世上，將來他們還是有破鏡重圓的可能性，因為我們永遠不知道未來會如何。不過，我們可以確定的是，除非艾丹接受他與妻子已經離婚的事實，否則他就永遠無法獲得療癒。因為唯有接受事實，他才能從傷痛中找到療癒。

此時，他可以對自己說以下的肯定語：

宇宙安排的一切是不會出錯的，包括我離婚這件事。

所有的發生，都是注定該發生的。

離婚，並不會使我失去愛人與被愛的能力。

離婚，無法影響我的未來。

我的人生，有些感情會遠離，有些感情會留下。

我願敞開自己，體驗眼前任何形式的愛。

離婚，可以是療癒的展現；也許它終結了婚姻，但它並不會停止或阻礙你愛的能力。艾丹用負面的話語和思維來處理已發生的事實。一旦他用負面性來處理傷痛，得到的必然是責怪、內疚及事情出了差錯的信念。但他其實可以改變想法（即使他需要假裝一陣子）為自己輸入這些正向的肯定語，以打開他的靈魂進行必要的療癒。

不過有時候，人無法一下子就達到正向思考的境界，因此就得先從目前能力所及的地方開始下工夫。例如當艾丹說：「我的前妻不了解，我們應該在一起的，」此時他可以考慮不跟這個想法抗爭，而是將它改為：

我的前妻不了解，我們是可以在一起的。我要送愛給她，願她擁有美好的人生。

我想，我們還是可以破鏡重圓的；不過，宇宙知道的事比我們多。

我不知道什麼事可以、或不可以發生；我要用滿滿的愛，來放下那些受局限的信念。

宇宙永遠會將我推往好的方向。

艾丹對自己的人生樣貌已有明確的想像，但他必須解決他想像中人生「應該」的樣子與實際的生活現實。我們都會有這些想像；有些人稱之為「期待」，有些人說它們是「應該發生的事」。但不論怎麼稱呼，我們都必須承認，人生並不會符合這些想像和期待，正如俗話所說：「人算不如天算。」

有時候，人會碰上外在的阻礙，使得離婚後的人生停滯不前；通常這些阻礙都是因為他人、社會或宗教信念造成的。

雪倫在天主教醫院的神經內科擔任護士。這家醫院每天會為病人及其家屬舉行彌撒，但他們也歡迎醫院的員工在休息時間參加。雪倫時常選擇在彌撒中度過她的午餐時間。

結婚二十二年後，她的丈夫保羅突然提出離婚的要求。雪倫不願意，並且提醒她的丈夫，他們是虔誠的天主教信徒，應該為彼此的歧異尋求解決之道，而不是離婚。儘管她盡了最大的力量，保羅最後還是繼續處理離婚的事宜。雪倫非常堅持他們應該在一起，於是她對法官說：「這是不對的！我們是虔誠的天主教徒，應該想辦法維持這段婚姻才對。」

「尊敬的法官大人，」保羅反駁說，「她剛開始反對離婚的時候，我就已同意尋求婚姻諮商；但經過幾個月的諮商，我現在要站在您的面前說，很抱歉，我們的婚姻真的走不下去了，因為我們有無法磨合的歧異。」

最後，法官批准離婚生效。一年後，雪倫仍然對自己和別人說：「這種事不應該發生的，上主不相信離婚。」

除了宗教的層面外，只要雪倫持續說著，「這是不對的，這種事不應該發生，上主不相信離婚」她就得不到療癒。此時，她可以考慮運用以下的肯定語：

上主知道什麼才是最好的。

上主能處理好我的離婚。

上主能祝福我結婚，也能祝福我離婚。

上主只知道愛人，因此如果你已經離婚，那麼你要明白：在上主的眼中，你只是

「要愛的人」，而不是「離婚的人」。請想想看：即使你相信教會和上主對於離婚持反對意見，但你往後很可能還有數十年的人生要過，那麼你想要過什麼樣的日子呢？你希望往後的人生是不快樂的？充滿責難？還是充滿罪疚？這一切都是你的選擇。事實上，你的人生劇本可以擁有一段感傷的「離婚」篇章，然後繼續過著數十年充滿愛、幸福與慈悲的日子。

雪倫其實只有兩種選擇：餘生都活在傷痛與悔恨中，或是全然感受離婚的傷痛，然後展開不一樣的人生。關於想法，你務必要作出智慧的選擇，並且只肯定正向的話語，這一點非常重要。

感謝自己

小珍第一次過母親節而沒有丈夫蓋伯的陪伴，她傷痛至極。她的丈夫跟別的女人跑了，而且對方的年紀還比她大，這令她感到傷心又絕望。事實上，她的自我受到嚴重的打擊！她一直覺得自己是個完美的人妻，實在不懂為何蓋伯會對她及他們四歲的孩子柯瑞做出這種事。「我覺得自己被遺棄、寂寞又毫無價值，」她回想道。

洗碗的時候，小珍回想起以前，每逢節日，丈夫把她當公主般呵護的光景；他會為她準備特別的母親節早餐，並且送她禮物、帶她到外面慶祝，但今年只有她獨自一人與柯瑞在家洗碗盤。在傷痛中，她身心交瘁地倒在地上哭了起來，心裡盤算著如何結束自己的生命好了結這痛苦。就在這時候，柯瑞走進廚房，用他小小的手輕輕搭著她的肩膀。

「怎麼了？」他問。

「柯瑞，我不能再這樣下去了。」她說道，並且很快地拭去臉上的淚水。

「沒關係的，媽咪。」他貼心地說。小珍望著他歎了一口氣，想到自己剛才竟想丟下他一走了之。柯瑞扶著她站起身來；她謝謝他，並且給他一個大大的擁抱。他笑著又跑回自己的房間，他剛才就在那兒玩玩具。

小珍抬頭望著天花板歎道：「老天啊，為何這種事會發生在我身上？請你幫助我釐清這一切吧！」那一晚，她在睡前禱告尋求指引，然後漸漸進入夢鄉。

第二天她去上班。她的工作內容是負責審閱員工的專業進修或個人進修申請。不久，她注意到桌子上有一張廣告單，原來是某位員工想申請參加自我療癒的工作坊。小珍拿起廣告單告訴自己，我真的需要療癒了。而且頓悟自己不僅需要療癒被丈夫遺棄的傷痛，同時她整個人生也需要療癒。她仔細看完廣告單的內容，並打電話給那位提出申請的員工，詢問是否可以讓她一起報名參加。

「工作坊是在某人的家裡舉辦的，那天參加的人大約有九人或十人。」小珍說，「剛進去時，我並沒有抱多大的期待，以為只要好好觀察、做一些筆記就可以。但直到星期天下午，工作坊課程結束後，我整個人的狀況比那天倒在廚房地板上的自己好多了。我學會去體驗失去丈夫的傷痛，並透過送愛給他來療癒自己。甚至更重要的是，我送給我自己許多的愛。」

她練習了以下的肯定語：

我願意去感受傷痛中的哀傷。

當我允許自己去經歷傷痛，其實就是在療癒。

在哀傷中，我愛我自己。

不斷重複這些肯定語數週後，小珍開始可以短暫地體驗到真正的快樂。她的傷痛並未消失，但感覺溫和多了，這是前所未有的情形。她以前不知道人必須學會愛自己，因從來沒人這樣教導過她；從小到大她都被教導不能表達自己的感受或設定個人的界限。

「從那一天開始，」小珍說道，「我就繼續自我探索的旅程，並展開雙臂擁抱它！」那次週末的工作坊為她開啟了一扇門，使她開始確信所有的發生都是為了她的最大利益而來，並且相信發生這種事只會帶來好的結果。

回到家後，她在屋裡貼滿肯定語。其中第一句就是來自她兒子說的話：

沒關係的，媽咪！

接著，她又寫了：

我體驗傷痛，但不沉迷其中。

所有的發生都是為了我的最大利益而來。

發生這種事只會帶來好的結果。

每當小珍的想法又開始變負面，她就會走過去看這些肯定語，就像是第一次讀到它們似的。「我會盯著它看，」她說，「並試著真正消化它，然後坐下來一遍又一遍地覆誦。」

在臥室的鏡面上，她寫著：

我是安全的。

在浴室的鏡面上寫著：

我愛你、寬恕你。

「尋求內在的智慧」這個簡單的過程，幫助她在傷痛中得到力量，而不是成為傷痛的受害者。她甚至要求柯瑞也要貼上他自己的肯定語，然後母子倆一起來裝飾、上色。柯瑞畫了很多太陽公公的圖，而小珍會寫上：陽光普照，它永遠照耀著美好。

一年後，小珍想起去年的母親節，覺得自己以前真是傻透了，竟會以為只有前夫才能在節日為她帶來快樂。「那一天的快樂來自我的乖兒子。」她說，「因為他告訴我，『沒關係的，媽咪。』我告訴他，這是我們特別的日子，我以身為他的母親為榮，接著我們就出門慶祝。這是我在一年前完全無法想像的。」

對小珍來說，由於她的孩子還小，母親節都是由她的丈夫來慶祝，但隨著歲月流逝，情形自然會產生轉變，原本由丈夫一人準備的母親節，遲早會變成父子倆人一起計畫。最後，當柯瑞年紀更大時就會取代父親，完全由他一人準備母親節的慶祝活動。離婚只不過是加快這個自然轉變的過程，並讓小珍在心中慶祝自己身為人母的喜悅。這種感覺變得愈來愈純粹，也成為她真正的人生功課，因為她了解，不管母親節有沒有丈夫或孩子的慶祝，她永遠都有能力感謝自己身為母親這個角色。當小珍回想起自己的傷痛，她終於明白，不論當時有多麼哀傷，她永遠都擁有自己。

當傷痛變得複雜

儘管我們對傷痛和療癒盡了最大的努力，然而人生有時候還是會丟給我們一顆變化球。

鮑伯和瑪麗蓮約莫四十多歲，結褵長達二十年。鮑伯個性外向，總是有參加不完的活動和做不完的事；相反的，瑪麗蓮喜歡待在家中自得其樂，對於跟鮑伯一起出去參加社交活動，她一點興趣也沒有。時間久了，他們開始過著各自的生活，只有晚上睡覺時才見到彼此，簡單告知彼此的一日生活概況。很快地，這般各自獨立的生活使得他們彼此不再像是夫妻，而更像是室友的關係。

只是瑪麗蓮開始想要更多，因她了解自己想要什麼、想要去什麼地方，但她同時也知道鮑伯對這些不會感興趣。瑪麗蓮依然愛著丈夫，但她明白這段婚姻不再適合她；她想離開去過另一種生活。有一天，她最擔心的事終於成為事實：她想離婚。就這樣，他們展開長達一年的溝通。儘管鮑伯仍覺得他們的婚姻可以持續，瑪麗蓮也願意試試是否可行，但終究還是覺得於事無補。最後，瑪麗還是提出離婚的協議。

離婚後，他們還是保持朋友的關係。在傷痛中，鮑伯陷入了「奇想」，認為有一天他們還可以破鏡重圓。

然而，就在他們分開一年後，發生了令人意想不到的事。鮑伯在工作時心臟病突發，醫護人員緊急將他送到醫院，幸運地撿回一條命。甦醒後，鮑伯身體看似沒什麼大礙，但腦部已經受損，造成短期的記憶力喪失。他約略還記得過去的事，但近幾年的事則完全想不起來。

鮑伯的朋友們都希望他的記憶能隨著時間早日恢復，而且前幾個月瑪麗蓮也都樂於陪在他身邊予以協助。這令人想起由茱兒・芭莉摩與亞當・山德勒主演的著名電影《我的失憶女友》（50 First Dates）情節。影片中，女主角也是短期的記憶力喪失，每次她與男主角出門約會都彷彿是第一次。鮑伯和瑪麗蓮的狀況則是，鮑伯因為腦部受損，完全不記得自己與瑪麗蓮已經離婚，還一直以為兩人是夫妻。隨著鮑伯的健康逐漸好轉，瑪麗蓮探望他的次數也逐漸減少；他會問她這陣子都到哪兒去了？她很為難地必須一再告訴他，兩人已經離婚了。

如果我真是個好人，瑪麗蓮在心裡想道，我就應該搬回去跟他住，像還是夫妻一樣地照顧他。有些日子，她覺得自己應該說謊，讓他相信兩人還在一起，但她並不想欺騙他。她原本夢想離婚後能找到快樂，但她現在認為不太可能了。她現在覺得進退兩難，她的負面想法甚至使她更不快樂。

你覺得呢？你認為她應該對鮑伯說謊，並且搬回去跟他住嗎？事實上，當這種情況發生時，最重要的就是將「我找不到快樂」的心態改變成：

在任何情況下，我都能找到快樂。

不論我們是不是夫妻，我都會找到快樂。

如果瑪麗蓮能以充滿愛、圓滿又完整的自己來面對這種狀況，這種心態便可以為所有人帶來快樂。她試著這樣做了。當她放下那些「應該」而開始尋找她的快樂，她就會帶著愉快的心情來見鮑伯，而他也很快就不再談論他們的婚姻。也許因為她不再對鮑伯的問題感到焦慮，因此他也就不再需要答案了。

直到現在，鮑伯仍不太記得近幾年的事，但他已適應新的生活。經過這些事後，瑪麗蓮在離婚中找到了平安，而鮑伯似乎也是如此。現在她會說，她去見他時有多麼開心，而且她很高興經過這些年，他們的生活中仍然還有彼此。

走過背叛的傷痛

談到分手或離婚，絕對少不了關於背叛的事。儘管背叛本身並不容易為人所了解，但令人更難理解的事實是，遭人背叛有時卻可以為我們帶來最大的成長。

想到某個你掏心掏肺、真誠以待的人（你們真正了解彼此或你認為是如此）竟然背叛了你，光是想到這種事就令人感到心寒；因為你最重要的人，亦即那位你將最私密的自己與之分享的人，竟然也與其他人分享！它或許是一個鐘頭、或一個晚上的背叛，也可能是幾個月、或甚至好幾年的背叛。

這種傷痛通常首先要處理的是，這些背叛是如何被揭發的。是你的愛人自己懺悔吐實，還是無意中被你發現？你有去找出真相嗎？試著去知道更多的細節，往往會令你更加受傷，因你會利用這些訊息來傷害自己。也許你的伴侶只背叛你一次，然而知道細節後，你卻會在心裡頭不斷地重播他們的過錯。你得問自己一個不容易回答的問題：你是天生多疑的人，還是這件事完全出乎你的意料之外？有趣的是，當你了解在事情尚未發生前你是什麼樣的人，有時候可以幫助你釐清自己在這件事裡所扮演的角色。

就傷痛的真正療癒來說，如何發現背叛之事並不是那麼重要，但對你的思維而言，它就可能值得注意。當你處於極度的傷痛時，別指望你能釐清自己在背叛中扮演了什麼樣的角色。有時候，經過幾個月或數年後，人們回首過往時會說：「我以前太多疑了。我想，當時應該是我希望結束這段感情，因為在某個層面上，我其實知道對方並不是我的真命天子。」不過，許多人很難接受這樣的想法，因為當他們聽見「你的角色」這句話，就會誤以為我們是在說被背叛者本身也難辭其咎。然而我們真正要表達的是，雖然沒人會想要經歷背叛這種事，但你的靈魂卻可利用這個經驗來進化及療癒。

我們還要討論其他的要點，但我們的目的並非要你沉溺在傷痛中，而是要你釋放它來獲得療癒。被背叛者首先會問對方的是：「你還愛我嗎？」從某方面來說，這是一個提問，但從另一方面來看，它其實是在對自我進行評價。我值得被愛嗎？我在你心目中是重要的嗎？你以前真的在乎過我嗎？然而一般人很難接受這一事實：你並不一定能從愛人的行為，判斷出他（她）是否愛你。

許多靈性的智慧都表達同樣的看法：一段感情只要有片刻的真愛存在，它其實就是真愛。換言之，只要知道你們在某一時刻確實愛過，這個愛就是真實不假。背叛及其隨之而來的一切，也終將消逝在這一真愛中。幾年過後，當離婚的兩人再度見到彼此，他們會知道只有彼此的愛還存在，其他的全都已經煙消雲散了。你可能對前任產生好感，因你曾經是他（她）生命歷史的一部分。

然而別忘了，也許你目前還不（或無法很快）了解這一點，因你現在還處於心煩意亂中。但就算你還不了解，我們也希望你能將它當成是放下憤怒的一種邀請。畢竟，憤怒只會毒害你自己，並不會真正傷害到對方。

黛西和克里夫已經結婚五年，婚姻生活有起有落，但大部分來說還是好的居多。黛西曾想過，如果有一天他們的性生活衰退了，那肯定是她的緣故，因為她知道自己可能無法一直保持數年前那樣的性慾。她甚至開始想像，有一天她會像典型的夫妻一樣，對老伴說：「今晚不行啦！親愛的，我的頭很痛。」

但出乎意料的是，某天克里夫竟然開始跟她說：「今晚不行啦！親愛的，我太累了。」當然，剛開始時黛西並不以為意，但後來他的理由似乎愈來愈多：他的背很痛、工作壓力大……等等。

當黛西發現丈夫一貫的拒絕模式，她立刻責怪自己，認為克里夫不想跟她有親密的行為，一定是她不再像以前那樣有魅力了。

於是黛西開始健身讓自己變漂亮，也覺得自己在家太懶散，既不化妝，晚上睡覺也只穿舒服的睡袍，而不是性感的內衣。雖然她不曉得婚姻應該是怎麼一回事，但她知道自己並不想成為一般人眼中邋遢的妻子。

然而就在她開始裝扮自己的幾個月後，克里夫甚至比以往對她更不感「性」趣。當她向他表明這件事時，他說：「別傻了，親愛的，這是很自然的事。我還是很愛你，沒事的。」

「這跟你的外貌無關。」黛西的一位朋友告訴她，「剛開始交往時，我們都會覺得對方很有趣，他們講的故事都很新奇；但過了幾年，那些故事就變成老調重彈了。黛西，你必須像你們剛認識時一樣地對待他。」

就這樣，黛西開始重新認識克里夫。她注意聆聽他所說的每句話，假裝他說的那些老掉牙的故事既新鮮又好玩……只是情況並沒有改善，兩人甚至長達十一個月沒有性生活。黛西終於發飆了，她說：「克里夫，我用盡所有的辦法取悅你，難道你看不出來嗎？我不但去健身房健身，臉上永遠化好妝，還穿著性感內衣在你面前走來走去；我做盡一切來使你感覺自己像個男人，讓你知道你是我最感興趣的人。但是老天爺啊，這到底是怎麼一回事？這絕不可能是你頭痛、太勞累或工作壓力大的緣故。你是不是外面有女人了？」她只是氣得說出這些話，並沒指望有什麼答案。

克里夫的頭低了下來。

她吃驚地問：「你為什麼不敢正眼看我？天啊，你該不會真的外面有女人了，是吧？」

「對不起。」他說。

黛西簡直不敢相信她的耳朵。「對方是誰？」

「我的祕書。」

「你的祕書？又是這一套?!」

經過一連串的爭吵、分居後，他們最終以離婚收場，黛西也陷入被背叛的傷痛中。幾個月後，她不再否認這些事實，但她的憤怒卻到了極點。她隨時都在想：老娘為了他在健身房鍛鍊更美的身材，他竟還敢愛上別人的肉體？這傢伙害我一早起床就得衝去浴室化妝，還讓我以為是自己不夠好或他工作太累了！

她的內在對話每天都不一樣，但都離不開這些話語：我還認為他那些愚蠢的故事有趣，其實我不知聽過多少次了！接著，她的傷痛轉變成自我譴責：我真是笨啊！還以為只要我變漂亮了，他就會變成好男人。我實在太傻了，當時竟然還愛著他、在乎他？

事情發生就是發生了，了解這一點很重要。傷痛的時候要明白，雖然過去無法改變，但我們卻可以改變自己對於過去的想法。就過去而言，黛西可以改變她的思維，不必把焦點放在背叛上。雖然我們知道，要做到這一點並不容易，但它確實值得一試。這並不是要你否認背叛這回事，而是要你把焦點放在自己的力量上。換句話說，不是去想「克里夫背叛了我」，而是想：

不管克里夫做了什麼，我都曾經全然愛過。

或是她在精神上自我打擊時，別去想自己有多笨，而是想：

我的直覺真是敏銳。

別認為整段婚姻都是背叛，她可以說：

過去的愛是真實的，只是這段姻緣注定無法天長地久。

隨著時間過去，她會準備好接受更高層次的想法：

畢竟，根本沒人能背叛我；因我的本來面目，是超越背叛的。

隨著肯定語的持續練習，黛西開始覺得自己對它們有許多的抗拒。首先她必需記住，這些肯定語是她想要達成的境界，而不是她目前的狀態。這些抗拒不過意謂著，她還有更多的憤怒需要放下。因此，她除了不斷重複那些肯定語外，她還必須尊重自己的憤怒，允許它們經由自己而釋放出來。

當她想到去健身房盡其所能讓自己變漂亮時，她的心裡感到平靜。但是到了傷痛的討價還價階段，有些女人會不斷受到某些問題的困擾，例如：「只要當時我別那麼疏於裝扮，他應該就會一直對我忠實吧？」或者「如果以前我都有化妝，並且穿上更性感的衣服，那麼他還會外遇嗎？」但是漸漸到了傷痛的沮喪階段，她們就會明白：是的，即使如此，她們的另一半還是會出軌，因為這一切都與那些事情無關。

事實上，當我們忘記自己的本來面目及真實的自我價值，這才是唯一真正的背叛。其實無論別人做對或做錯，都無損於我們的自我價值，而且要記住，在感情關係中，有時我們會降低自己的標準，做出一些不符合我們層次的行為，譬如你可能會對另一半做出報復的行動等等。由此之故，我們必須學會寬恕，讓自己從那些傷害我們的人的束縛中解脫。

寬恕前任配偶在十五年前背叛了你，這並非意謂你同意傷害人是沒關係的，而是意謂著你了解雖然對方犯了錯（而且人人都會犯錯），但你不會再用這個錯誤來定義自己或你整個婚姻。

從傷痛到恩典

離婚後，莫莉開始思考新生活的可能性。她知道自己想要的，不僅是脫離憤怒與痛苦而已，因此她找到積極的方法來克服人生中的負面境況。她開始相信，是她自己在生命中創造了被背叛的經驗，以藉此進入生命的圓滿之境。然而，不可否認的，要真正相信這件事確實需要時間，因這牽涉到許多的歷程及自我寬恕的工夫。我們來看看她是如何做到的。

她的丈夫麥可外遇，而且兩人才剛離婚，他就與對方住在一起。由於這種失落的傷痛太嚴重了，因此她願意嘗試任何方法來讓自己好過一點。有位朋友建議她試著去愛那個傷痛，並了解它是為了療癒痛苦才存在的。她也提醒莫莉，要溫柔地善待自己。

莫莉回想起那時候的感覺。「一開始，我整天躺在沙發上看電影，而且連續好幾天都只做墨西哥玉米餅給我女兒吃，因我實在提不起勁做別的事。每天早上淋浴時我都會痛哭，把痛苦全釋放出來。接著，我開始告訴自己，我表現得多棒呀！我決定不再對自己那麼苛刻，因我值得擁有自己的愛。

「現在我明白，原來生命中所有的安排，都是為了讓我了解這一切。它完全無關乎從外面得到愛，因它一直以來都是內在的工夫。我參加自助課程，讀所有這類的書籍，聽所有人生的正確『做』法；但這並不是我頭腦的活動，而是我心靈的旅程。」

在遭遇背叛之前，莫莉從未體驗過真正的自我慈悲。她是她自己最嚴厲的批判者（這同時也是她自己最壓抑的一面），因此她外在會發生這種事也就不足為奇了。她的外殼已變得如此堅厚，以致於與她自己築起的那座高牆比較起來（這座隔絕愛與生命的高牆，原是為了保護自己避免在這洪水猛獸的人生中受到傷害），任何的失望也就算不了什麼了。不過，她最後被痛苦擊垮了。

「愛，是宇宙的接合劑，但我從未有過第一手的體驗。」她說。「它一直都存在，但我自己還沒覺察到它。當我嚴厲批判自己的處境說，『看吧，你不過是個被瞧不起的女人、糟糕的母親、被丈夫遺棄的人。是你逼走他的！你活該過這種悲慘的人生，』我就這樣與自己作對起來，因此我需要發生背叛這種事，來幫助我超越這些錯誤的想法。

「我讓自己處於那樣的狀態，並相信結局一定會是好的。我深入地檢視內在，讓自己從風暴中浮出檯面，並從這境況中得到生命與祝福。」

不久前，莫莉在她治療師的辦公室，首次與她前夫的外遇對象面對面。她說：「基本上，我唯一能做的，就是向她表達感激的眼淚。因為要不是她的出現，我根本無法看透自己的人生戲碼，也不會對我自己、我的世界、其他人及我們集體的生命旅程產生慈悲之心。那女人幫助我信任自己的生命。那些心碎、背叛、失落、悲傷、傷痛……全都使我相信自己的生命。」

為何那些她曾經認為是糟糕透頂的事，會變成如此棒的生命禮物？當她肯定以下這段話，就表示她已覺悟到生命的一切圓滿：「當我放下生命『應該如何』的執著，而讓自己是怎樣就怎樣時，我就不再成為人生際遇的受害者。也許我的頭腦並不以為然，但我接受心靈的引導。那位第三者在我人生的旅程中，其實扮演了整合者的角色。」

一開始，莫莉似乎覺得自己不值得擁有愛的豐盛，但她逐漸可以視自己及其他所有人都是神聖、善良、充滿愛、有耐心又寬容的；這一切對她而言，都是以往所沒有的新特質。就這樣，她最後願意對人生的所有問題負起完全的責任，並知道這是一把關鍵的鑰匙。

「絕不將人生的種種遭遇，歸咎於任何人或事。」她說，「有好幾個月的時間，我對於這種新觀念感到猶疑不決。」因為對她來說，接受這就是自己的人生而不將自己的痛與苦歸咎於任何人的想法實在太偏激，而且有點令人難以接受。然而，她又渴望心靈的平安，這表示她不能再與自己或他人作對了；她必須放下對與錯（「錯」是指那位第三者，因她傷害了莫莉）。她真的開始相信，宇宙的一切安排，都是為了帶她走向自身的圓滿。她了解自己其實可以對自己更慈悲一些，最後放下自己做錯事的想法。

莫莉不再與自己作對，也不認為這世界對她有任何的敵意。她將人生遇到的每個人（親近的友人、萍水相逢的朋友，甚至是那位「第三者」）都看成是自己這場人生大戲的整合者，驅策她走向生命的圓滿。為此，她心中充滿了感恩。

「見到『那女人』時，」莫莉說，「我告訴她我有多麼受傷。我誠實地跟她說我的事。我向她道歉，因我曾經想傷害她、或希望別人恨她。我感謝她。我這麼做是為了我自己。人非聖賢，我自己也會犯錯，那女人當然也不例外。當時我會那麼恨她，是因為我非常受傷和痛苦。以前我會認為，只要她得到痛苦，我的痛苦便會減少些；然而事實是，寬恕她，我自己才會得到真正的解脫。但坦白說，當時我害怕得要命；我是真的等到做好一切準備，才去見那女人的。

「要做到『坦然面對那女人，並直接在她面前哭了一個鐘頭』，這件事並不容易，但我希望自己能活出生命最大的可能性。我想要恢復生命原有的面貌，讓它繼續賜予我邁向恩典的人生功課。這一切都是為了恩典，因它出自我的選擇。」

莫莉用了許多肯定語：

願這一切的發生，都實現所有當事人的最大利益。

我值得擁有美麗的人生。

我的人生功課引導我邁向恩典。

我吸引來美好的人生，它將帶給我美妙的生命體驗。

莫莉的例子告訴我們，一旦我們的想法獲得療癒，所有的當事人都會被提昇到更高的層次。

孩子擺在第一位

你的想法有許多都是過去形塑而成的，尤其是童年時期。源自童年的負面思想，導致你在離婚時不會考慮到孩子，但你有善加利用時間來療癒這些負面想法嗎？別忘了，你的孩子也在蒙受傷痛，因他們原以為自己的爸媽會永遠在一起。

這段期間，用愛的思維來進入孩子的世界是非常重要的，否則你的自我檢視將會變質為自我縱容。兩人相愛時，防衛的高牆自然會倒下；但當兩人離了婚，往往就會再次築起比先前更加堅固的高牆。

高牆究竟是什麼？就是與他人分裂。當問題牽涉到孩子時，你必須記住，在你避免自己受到對方傷害而築起高牆的同時，你的孩子也在一旁傷痛不已，試著想越過這座他們一無所知的高牆。如果你讓這些負面的想法繼續主宰你的人生，分裂就會成為唯一的結果。這部分若想得到療癒，你的想法就必須回歸到對孩子的愛及對自己的愛。但這並不容易，因你仍相信築起高牆可以保護你。

以潔琪的例子來說，她與前夫麥特彼此有許多沒說出口的怨恨、憤怒及深深的傷害，他們的婚姻最終以痛苦收場。

去年的十二月，這是他們首次必須為了如何各自過聖誕節而傷腦筋。潔琪非常掙扎，因她對麥特還懷著怨恨和怒氣，但她又很想跟不到兩歲的女兒艾曼達一起過節。潔琪知道這是她女兒人生中很特別的一天，想到自己在這重大的日子竟然缺席，她的靈魂簡直快被撕裂，內心天人交戰的疼痛更是前所未有。想及自己無法陪在女兒身邊，內心更湧現撕心扯肺的疼痛！

最後，她與麥特達成協議：早上由潔琪陪伴艾曼達，下午再交給麥特，儘管母女倆還是得在中午的時候忍痛別離……想到這一點，潔琪就很難過，想盡辦法企圖轉移自己的注意力，好忘卻不能永遠陪伴女兒的悲傷。在傷痛中，她尊重並感受自己的失落，但同時她也必須肯定，聖誕節那天以及她的未來也可以非常不同。

她說，「我一次又一次地祈禱，並且知道自己需要一句強而有力的肯定語，因我再也不想要有這種憤怒和悲傷了。接著，我的內心突然冒出一句話：

我寬恕你，我讓你自由。

「我想，這句話我一天大概說了一千遍。想到前夫時，我就會說這句話，而且我也會對自己說這句話，因為我知道，我會批判自己的憤怒和怨恨，甚至會因為批判別人而批判我自己。」

別忘了，當時潔琪是多麼的難過，但普通人很難一邊祈禱，同時又一邊懷著怨恨之心；因此一天複誦一千遍肯定語的她，根本無法繼續煩惱。對潔琪而言，肯定語確實奏效了。

「幾天過後，」她說，「我的心境完全不一樣了；我發覺自己受到愛的啟發，終於知道自己想要做什麼了。我邀請麥特在早上到我家與我的家人共度聖誕節，中午過後，他可以帶著艾曼達回家，享受父女們的兩人世界。我告訴他，他對這項邀約有拒絕的自由，但同時也讓他感覺到，我們其實非常歡迎他來。我很明白地跟他說，如果他來，我們全家人都會很開心。我就這樣做了。」

她的前夫立刻就答應了，後來他們也度過美好的一天。潔琪終於明白，她女兒最開心的事，就是與所有的家人在一起；而她自己最開心的事，就是看見女兒甜美的小臉蛋掛著滿滿的笑容。

那天早上，潔琪自己也感到有點詫異。「這真是奇蹟，」她說。「看著他們父女在一起，我突然發現自己很感謝前夫及他在我生命中扮演的角色，而且對我的女兒而言，他一直是個很棒的父親。那真是美好的一天！不僅如此，當麥特要帶艾曼達離開的時候，我發現自己的心情輕鬆又自在，一點也不會感到沉重。我的心不再有任何的哀傷、牽掛或束縛，只有不斷湧現的愛與感恩。當我走向車子跟女兒道別後，我給前夫一個擁抱，感謝他的前來。我祝他有個愉快的聖誕節，並好好享受與女兒共處的時光。每句話都是我的肺腑之言。」

潔琪發現，一句簡單的肯定語，竟然可以在那一天為許多人的生命帶來滿滿的愛和喜悅。她知道這並非只是自己的功勞，因為對大家而言，如果沒有艾曼達，情況就又不一樣了。

療癒離婚的傷痛

離婚發生時，人通常都會找出導致離婚的理由，想知道到底誰對誰做了些什麼？但是要記住，這些理由只是「小故事」的一部分而已，這整個背後還有一個與你的愛、生命及靈魂旅程有關的「大故事」在進行著。事實上，生命的目的不在於擺脫眼前的傷痛，而是看見未來的幸福，並清除掉所有橫亙在你與幸福之間的障礙（那些對你無益的事物）。

你必須找到寬恕另一半的方式；儘管這並不容易，但它終將使你獲得解脫。其實心懷怨恨，就如同自己喝下毒藥，卻希望對方會死一樣的荒謬。如果其中有第三者介入，也請你盡其所能地寬恕那位第三者。也許要寬恕所有的當事人簡直難如登天，但要完成這件事，卻只要從一顆願心開始。

我願意寬恕。

療癒離婚的傷痛時，你必須為自己的生命負起責任。若想獲得完整的療癒，並讓傷痛療癒你，你就不能再視自己為受害者。每當你的感情或婚姻發生任何你認為的錯誤或不好的狀況，永遠都有一個「公分母」存在，那就是你。既然每個狀況都有你的存在，你就必須負起某種程度的責任。就算你無法發現自己在某個狀況中扮演的角色，也許在更高的視野下，你便會看見事實的真相，了解原來是自己的靈魂選擇了各式各樣的經歷來學習和成長。

終究，你必須給自己你所尋求的愛，但這並非要你愛自己愛到永遠不需要或不想要其他的關係，而是希望你找到自己內在的愛，別再讓自己的未來成為需要被填滿的水箱。換言之，你會成為充滿愛的圓滿者，並把愛帶入一切的情境及你遇見的每個人。

傷痛是在哀悼自己所失去的一切（夢想破碎、或婚姻天長地久的希望破滅），然而一旦你能達到欣然接受「事情發生就是發生了」的境界，你便會發現，其實傷痛也是更新、重建及改革的轉機。現在，你有機會讓自己煥然一新。離婚後你會成為什麼樣的人呢？千萬別讓他人或過去來填滿你、定義你，而是要聽從自己的選擇。這是人生新的一頁，你擁有重新開始的機會。「現在要重新開始已經太晚了！」倘若你有這樣的想法，那麼你要知道，這不過就只是個想法而已，它並非事實。只要你還活在這世上，任何時候重新開始都不會太晚。有一個很棒的練習，可以幫助你重新開始：

想想有哪些字眼可以形容你離婚後的感受，例如：哀傷、絕望、可憐、不被愛、沒人要……等等，將它們寫在紙上，然後放入信封。接著，找一種可以永遠讓你放下這些字眼的儀式，並做任何你覺得當下應該做的事。也許你可以對著信封祈禱，或是選擇將它燒掉，目的在於放下這些字眼，使你明白它們並非你本來面目的真相。

接下來，想想有哪些正向的字眼可以形容你可能有的感受，或你可以成為什麼樣的人，然後將它們寫下來。要記得，就算不是事實也沒關係，只要它們是你覺得不錯的感受或你想成為的樣子即可。以下是一些例子：

神奇的、有勇氣的、有靈感的

討人喜歡的、有價值的、直率的

充滿愛的、可愛的、具有冒險精神的……

當然，還有其他許多的形容詞可以使用，總之寫下你覺得適當的字眼就行。寫完後，在每個形容詞前面加上「我是」兩個字，讓它們成為你可以真正沉浸在其中的肯定語。例如：

我是神奇的。我是有勇氣的。我是有靈感的。

我是討人喜歡的。我是有價值的。我是直率的。

我是充滿愛的。我是可愛的。我是具有冒險精神的……

將這些句子多複製幾份，將它們貼在每個地方。吸收它們，活出它們！記住下面這句肯定語，在你思考離婚後的人生時，它能幫助你保持在正軌上：

我專注在我未來人生的正向可能性。

你可以看待離婚就如同看待人生其他的階段一樣。你可以為它貼上好的或壞的標籤，也可以視它為一場悲劇或成長。然而事實上，婚姻不論長短，都可以是成功的婚姻。而且唯一能掌控你未來的只有你自己，而不是你的前任配偶。

你的美好來自於看見你未來的幸福。要做到這一點，你可以：放下過去前任配偶的一切、練習寬恕、以孩子為優先，以及（也許你是第一次）將自己擺在第一位。如果你深受某些宗教的影響，而對離婚的信念產生迷惑，那麼此時正是你發現宗教美善的大好機會，因許多人雖是在很棒的宗教理論下長大，但其他人的成長過程卻可能遭受某些宗教教義的荼毒。事實上，離婚也能使人靜下心來，並真正與神的價值相應一致，而非盲從於宗教的教義。

離婚是一種結束，但它也可以是新的開始。而且別忘了，你所專注的東西會增長。因此，你到底是想繼續活在過去，還是想專注在當下、以及擁有愛與幸福的無限可能性？

/第四章/ 摯愛的人離世

The Death of a Loved One

──人的死期無法自由選擇。人一出生，就注定有死亡的一天。有陽光，就有陰影；有生命，必然有死亡。死亡提醒我們，要好好珍惜餘生，及時付出我們的愛。它其實是一項禮物，要我們善用僅有的光陰來紀念亡者。

每個人都曾遭逢過失落，但摯愛的人死亡，我們所感受到的空虛和深刻的哀傷，是其他的失落所無法相提並論的。

我們不斷在檢視死亡的意義，是因為死亡對於生命的意義非常重要。有些人認為，死亡是我們的敵人，而且是最後的勝利者；它是大自然可怕的詭計，能將我們狠狠地擊垮。假若你相信這些想法，那麼你的人生就毫無意義。但如果你能了解，你出生、長大，然後該走的時候就走，那麼你便能過著有意義的人生，並且死得有意義。

你必須謹記在心，儘管摯愛的人走了，你的人生是還得走下去。在你面前是一個未知的新人生，因為以後你再也見不到他們。就某種程度來說，你可能會感覺他們以靈性的形式繼續活著。確實如此！因此他們健在時，你要珍惜他們；他們不在時，你要愛他們。

你的失落及其伴隨而來的傷痛是非常個人的，任何人的情況都不盡相同。別人可能為了安慰你，而將他們唯一知道的個人經驗與你分享，但是對你來說，你的失落正反映出唯你獨有的愛。傷痛正是這種愛的反映（愛的證據）；每一滴眼淚都證明你曾深深愛過、在乎過，因此沒人應該、或會想從你身上帶走它。

傷痛的感受可能會摻雜著精神官能症和恐懼。若不了解這一點的話，你可能會攻擊自己，這也就是你必須學會注意自己念頭的原因。你的想法可以安慰你，然而有些時候，它們也會將你囚禁在傷痛的牢獄中，徒然增加不必要的痛苦。脫離痛苦的唯一辦法，就是經歷它。你必須感受它，但你不能停留在傷痛中或用那種方式來生活。想在傷痛時感受到愛，唯一的方法就是不斷覺察，你是如何對待遭逢失落之痛的自己。

該放下內疚了

萊恩跟他的妻子小芹是在法律學院認識的。當時小芹晚上在圖書館打工，萊恩則常在下午到圖書館看書。後來，萊恩將看書的時間改成晚上，剛好是小芹值班的時間。於是她就想，這男生若不是位用功的好學生，要不就是喜歡上我了。

於是每天晚上九點四十五分，她都會走到萊恩的旁邊說：「該走囉，還有十五分鐘就要關門了。」

直到有一天晚上，他竟回答她：「我們一起喝咖啡的時候到了。」

兩人從一起喝咖啡的約會，變成晚餐的約會，不久後也有了親密的關係。法學院畢業後，兩人順其自然地結婚。由於小芹的母親長年從事教育工作，因此小芹很自然的就進入教育法的領域。平常她負責倡導兒童福利，偶爾也會幫忙教師處理一些非法解聘的訴訟案；萊恩則從事地產法相關的工作。

婚後，他們育有三名子女。在五十歲那年，一起參加巴拿馬運河海上十日遊。某天下午，小芹在甲板上做完日光浴，就在沖澡的時候，她突然發現其中一邊的乳房有個硬塊；她確定之前它並不存在，因此開始有點擔心。她很生氣，怎會在享受假期的時候發生這種事。最後她決定祕而不宣，因它看起來並不是很嚴重。她也不希望帶給丈夫無謂的煩惱，因她知道自己可以暫時不把它當一回事，但要是萊恩知道這件事，肯定會立刻變得大驚小怪。

旅遊回來後，小芹預約婦產科醫生看診，但她還是沒向萊恩提起這件事。她決定等檢查結果一切都正常時，再告訴丈夫。不幸的是，她沒有等到她要的結果。她很快就被診斷出罹患第四期乳癌。她和萊恩都很震驚，因小芹向來都有定時自我檢查的習慣，之前也沒發現過有任何的異常。他們完全無法理解，怎麼會越過前三期而直接變成第四期。

他們立刻接受最激進的化療方式，同時也採取輔助療法。儘管小芹的身體還熬得過艱辛的化療過程，但她有時還是會跟萊恩抱怨：「我覺得這比死還難受。」經過多次的化療後，小芹開始進行後續的治療結果檢查，歷經種種檢驗及正子掃瞄（一種能檢測出癌症是惡化或好轉的造像技術），結果卻令人遺憾，檢查結果顯示小芹的癌症嚴重惡化，因此化療的效果十分有限。

其中一位醫生建議他們考慮安寧照顧，但萊恩和小芹都認為這太誇張了，因他們還是相信可以再多做點什麼；他們想嘗試各種療法。他們也詢問其他的醫生，但得到的答案都一樣。最後萊恩和小芹不得不承認，小芹的身體狀況已明顯地開始走下坡。最後，他們簽署家庭安寧照顧。原本小芹擔心自己會不喜歡身邊有個護士、或那種家中有外人闖入的感覺，但她後來發現那位護士很討人喜歡。

有一天，她告訴丈夫：「答應我，時間到的時候，你會讓我走。」「好的，只要我能再見到你就行。」萊恩回答。「不過到時候，我可不希望看見你在另一個世界和別人約會唷。」

經過幾個星期的疼痛控制及症狀處置，小芹慢慢有了元氣，感覺也比前幾週好多了。她和萊恩會笑說：「想不到安寧照顧竟然讓我感覺好多了！」

接下來的七個月，小芹的行動變慢了，但感覺還是比停止化療前好很多；他們甚至還談到，是不是可以取消安寧照顧了。只是還來不及討論這問題，小芹的身體就突然變得虛弱。醫生說，她的病情惡化了。

隨著身體愈來愈虛弱，小芹的生活似乎也變得愈發黯淡。萊恩每天都陪在她身邊；他們彼此約定好，來生一定要再相見。漸漸地，小芹已無法從床上起身，最後失去了意識。安寧照顧的護士接手照顧小芹的情況愈來愈頻繁；萊恩看得出來，小芹的身體對她而言已經沒有用處了。他會跟她說以前在圖書館時，她常跟他說的那句話：「該走囉。」他在她耳邊輕聲說：「我不會有事的。去你該去的地方吧！我們會再相見的。」

然而，當小芹的身體機能即將喪失之際，向來平靜的萊恩態度卻有了一百八十度的轉變。他開始請求她：「別離開我，你不可以走，你要撐下去啊！」

儘管如此，幾個小時後，小芹還是走了。

一年半後，萊恩在他所屬的喪親支持團體中，說出自己盤據心中揮之不去的愧疚。「這種傷痛令人難以承受，因我把整件事搞砸了。我和小芹約定好，時間到的時候，我會讓她安心離去，因我知道我們還會再見面。但在她真正面臨命終的時候，我卻慌了。我請求她別離開，破壞了我們的約定。」

萊恩忘記他只是人；畢竟生命是寶貴的，而且他又深愛著妻子。在她還活著的時候，他可以說出「時候到了我會讓你走」這樣的話，然而當這一刻真正來臨，這些話就顯得言不由衷了。他因為在妻子臨終時說了真心話，而感到自責和羞愧。他覺得非常內疚，因他讓妻子失望了。

於是團體成員問他：「如果今天面臨命終的人換成是你，而小芹對你說『別走！』，那麼你會如何呢？你會覺得她太讓你失望，還是她因為太愛你而捨不得跟你道別？」

宇宙會透過我們的意圖，不帶判斷地用愛來轉譯我們所說的話。宇宙沒聽見萊恩不讓她的妻子離去，而只聽見他對小芹的愛，即使他不斷對自己說，我說的那些話把事情搞砸了。

萊恩現在有力量走過自己的傷痛；每當他對這件事感到內疚時，他就給自己一些愛的想法，例如：

我因為太愛她，所以才無法向她道別。

如果不見效果，萊恩可以重複對自己說：

我實在太愛小芹，所以才無法讓她走。現在她已離開人世，我那份愛會伴隨她到每一處。

現在，我要懷著滿滿的愛放下她。

生日、節日及週年紀念的傷痛

生日、節日和週年紀念，通常代表團圓的日子，但要是我們摯愛的人已不在人世呢？這些特別的日子是此生我們與對方共同走過的里程碑。儘管我們無法改變摯愛的人已不在人世的事實，但我們如何面對失落的體驗，卻會讓整個人生變得不一樣。

雷吉娜是個單親媽媽，對女兒蔻妮疼愛有加。蔻妮五歲的時候，她的父親就留下他們母女倆獨自離開。雷吉娜在一家大型連鎖銀行擔任營銷顧問，可以自由安排自己的工作時間，讓她得以確保自己有足夠的時間陪伴女兒。除了聖誕節和新年除夕外，她們最喜歡慶祝的節日就是生日；一月十九日是雷吉娜的生日，蔻妮則是三月十六日。由於雷吉娜的成長過程中，生日並沒有受到多大的重視，讓她想把生日變成重要的日子，好讓蔻妮知道她有多麼高興生下她。

當蔻妮還小的時候，來參加生日派對的都是雷吉娜的朋友。到了蔻妮上學時，她就開始邀請她自己的朋友。有一天，蔻妮問母親：「為什麼我們都沒慶祝你的生日啊？」

雷吉娜說：「因為那是小孩子的活動。」

「難道你的出生不重要嗎？」蔻妮反問她。

「是重要啦，可是……」

蔻妮插話說：「你也有去參加朋友的生日派對呀。」

雷吉娜實在想不出好理由來解釋自己不慶祝生日的原因。從此以後，她們一年舉行兩次派對，分別慶祝各自的生日。蔻妮很開心，但雷吉娜卻想自己的生日只要辦個一、二年就好，之後就別辦了，畢竟搞生日派對實在太麻煩了。

但幾年後，雷吉娜卻覺得慶祝兩個生日其實也挺不錯的。

轉眼間，二十五年很快就過去。如今蔻妮已經三十多歲，雷吉娜也五十幾歲了。蔻妮結了婚，也有自己的孩子。雷吉娜在市郊買了一棟小房子，離蔻妮的住處只有一小時的車程。她將房子做了整修後，以此為據點，開始小規模的經營自己的營銷顧問工作。母女倆這輩子唯一不變的活動，就是每年一起慶生。

時間很快又過了十五年，但這項傳統反其道而行，改由蔻妮和她的孩子（也就是雷吉娜的孫子），每年長途跋涉地開車接雷吉娜的朋友到家裡一起慶祝她的生日。不過，她們不再像以前那樣大張旗鼓，畢竟雷吉娜已經七十多歲了，她比較喜歡簡單的餐宴，再加上咖啡和蛋糕當甜點即可。

七十二歲生日那天，雷吉娜一如往常地問候著她的朋友及家人。其中有位剛搬來的新鄰居說：「我從未見過有女兒為母親的生日如此大費周章。」

於是雷吉娜和蔻妮將早年的事告訴大家，向他們解釋慶生活動的來龍去脈。

過了一年，雷吉娜開始感覺身體愈來愈虛弱，而且經常覺得疲倦，整個人沒了元氣，胃時常感到不舒服，後來經過醫生的檢查，診斷出雷吉娜罹患了胃癌。

三月初，蔻妮帶母親去醫院進行第二次的化療。某天在接受治療時，雷吉娜望了一下化療室的周圍，接著對已經長大成人的女兒說：「你的生日快到了，但我可能沒辦法參加了。」

「別傻了，媽。我會在這裡慶生。我發現護理站有七個座位耶，我們何不在這裡辦生日派對？」

雷吉娜回答：「我想，我們可以用化療室的點滴架來掛氣球。」他們母女倆都笑了。

當天稍晚，蔻妮跟丈夫葛雷格討論該怎麼籌辦她的生日派對。他說：「到時候她一定會出院，因她絕不想取消你的生日派對。如果她感到疲累，我就先開車送她回家。」

沒想到雷吉娜開始發高燒，院方得暫緩她的出院計畫，直到處理好她的感染狀況。不過，他們找不出感染的原因，沒過幾天，雷吉娜的病情就惡化了。醫生解釋說，雷吉娜的身體出現敗血症，他們給她多種抗生素的治療，但他們現在擔心她會呼吸衰竭。

撥了幾通電話後，蔻妮告訴她的丈夫：「我的慶生會取消了。」每天晚上她都在病床旁陪著母親，白天則由其他家庭成員和雷吉娜的朋友輪流陪伴。當她最後失去意識時，蔻妮不分晝夜地陪在她的身旁，寸步不離。

有一天，某位前來探望的朋友要離去時，問蔻妮是否有需要任何幫忙的地方。

「謝謝你，你來探望她就足夠了。」

「那麼，要是明天碰不到面的話，」她的朋友說，「我就先跟你說聲生日快樂喲！」

蔻妮這才猛然想起，明天就是她的生日。「噢，對呀，我都忘了，」她回答。「明天我一樣會在醫院陪我母親。」

她請朋友明天帶些氣球到醫院，因她確信母親會清醒，與她一起共度生日。由於關心的電話不斷，朋友們也都紛紛表示想到醫院為她慶賀生日，於是蔻妮決定明天讓她的丈夫、孩子及一些親近的好友來醫院慶祝她的生日，內心依然希望母親能夠清醒。

下午三點，她發現護士的動作頻頻，不斷在注意雷吉娜的生命跡象。蔻妮突然明白，母親的病況急轉直下了。接著，醫生進來告訴她：「你應該曉得，你母親的狀況不太妙，我們得將她送到加護病房。」

「我要陪在她旁邊。」

「好的，當然。」醫生回答。

送到加護病房的數小時後，蔻妮心裡有數，母親可能很快就會走了。接著，醫療小組毫無預警地衝進來要她讓出位置，他們要進行心肺復甦的急救。雷吉娜的心跳嚴重變慢；不到幾分鐘，心跳完全靜止。她斷氣了。

後來，有人對蔻妮說，「噢，天啊，你的生日竟然變成你母親的忌日，我真是感到遺憾！」或是「你的生日全毀了！更悲哀的是，以後每逢生日你都會聯想到母親的死。」聽到這些話，她感到很詫異，因她不是用負面的眼光來看待這件事情。

幾個月後，她開始去思考別人對這件事的負面解釋。丈夫問她：「你的想法怎麼跟其他人都不一樣？」

「母親是在我生日那天生下我的，但別人卻很可笑地忽略了這一點。他們似乎只有一個印象，以為既然母親在我生日那天離開人世，以後每年的生日我都會難過地想起她。然而，我卻覺得我的生日是美麗又圓滿的一刻，因為這一天是她陪伴我吸著第一口氣來到人間，同時也是我陪伴她吐出最後一口氣離開人世。這是有史以來她送給我最特別的生日禮物了。」

我們有多少人都是用負面的眼光來看待忌日？每當特別的日子或節日碰上親人的死亡，我們是不是都會認為它「永遠毀了」？請想想蔻妮的詮釋，她母親的死不但沒摧毀她的生日，反而使她的生日充滿更豐富的意義。

我們所選擇的話語，會深深影響我們的內在世界。「摧毀」與「豐富」這兩個詞可以形成天壤之別的結果。遇上蔻妮的情況，許多人可能會說，「以後我再也無法開心地慶生了」或「從今以後，我的生日永遠都會有揮之不去的陰影」然而，蔻妮卻是這麼想的：

我用愛來緬懷母親。

我用愛與感恩之心來慶祝我的生日。

我的出生與生命，都是透過母親而來。
今天，我要為我的出生及生養我的母親慶祝。

失去摯愛之人的週年紀念，其意義往往更令人感傷。他們過世後，每年都會多出諸如「忌日」之類的紀念日，而且對我們而言，它的每個象徵都很重要：滿月忌、半年忌、週年忌……等等。

每逢母親的忌日，艾潔恩就不知該如何是好。她會故意把自己搞得很忙、去旅遊……她會用各種事情來讓自己分心；但不管怎麼做，她都無法逃避心中的痛楚。最後她終於得出結論，唯一能讓她走出痛苦的方法，就是去經歷它。於是她決定從今以後，每年都去母親的墓看她。

接下來的幾年，每逢母親的忌日，她都會坐在母親的墓旁哭泣，讓所有的悲傷釋放出來。她發現，淚珠從臉上掉落到地上的同時，她的心也獲得了療癒。但今年，她坐在母親的墓旁卻沒掉下一滴眼淚。她不知道發生了什麼事，因她突然發覺：這是她第一次想起母親，心中充滿的是愛而不是痛楚。也由於她允許自己無拘無束地全然體驗傷痛，內心達到一種新的愛的境界。現在她可以對母親、以及母親在她人生中扮演的角色，表達內心的感激。

週年紀念可以是光榮的一天，紀念你擁有了力量與勇氣，同時也可以是為摯愛的人感到榮耀的日子。現在的你，已經與一年或多年前的你不同；因為生命改變了，而過去的你也永遠改變了。你的過去會有一部分隨著摯愛的人離世而消失，而摯愛的人也會有一部分繼續活在新的你當中。在心理上，你可以視它為一種神聖的交接，而不是互相失去了彼此。

今天，我以摯愛的人為榮。

在這週年紀念日，我要懷著喜悅與感恩來緬懷我摯愛的人。

節日，意味著團聚。當心中那位特別的人走了，節日的喜慶氣氛也隨之消失，甚至會徒增失落的感覺，令你更加哀傷、倍感孤獨。許多人會覺得自己是回憶的受害者，其實這是不必要的，因你可以自己決定以什麼樣的方式來緬懷摯愛的人，也可以自己主導節日當天榮耀他（她）的方式。

有些人會認為，何不乾脆忽略它們，當作沒這些節日算了；但其他人會認為，自己主導它們才是有效的方法。你不必按照以往的方式來慶祝節日，因你若只是毫無意義的敷衍了事的話，那看起來不但沒有意義，而且更像是你已孤單到了極點。

瑪麗的丈夫過世後，她和女兒就像其他許多家庭一樣，試著堅強活下去。所幸，瑪麗會留意自己的直覺，事情行不通的時候，她也會有所覺察。同時她也知道，傷痛是需要空間的。

「節日對我們家來說非常重要，」她說，「但突然間卻變得如此空虛。現在每逢節日就像是遇到轟炸一樣，炸出的缺口都在提醒我們，他不在了。我們曾試著按照以往的方式過節，但很快就發現，少了我丈夫根本行不通。這非但不容易，而且令人感傷。

「我們勉強度過第一個聖誕節，我們會說，『好吧，我們來做這個。』第二次聖誕節，我們弄了一棵聖誕樹，花了一星期的時間裝飾。我們需要時間走過傷痛，而不是勉強讓自己開心。由於我們還是很難過，因此大家決定將聖誕節的活動停辦幾年；等到再次開辦時，要用不同於以往的新作法。」

當瑪麗和她的孩子還處在悲痛的狀態時，她選擇不強顏歡笑。她知道這樣做是好的，並且教導女兒要尊重自己的真實感受，承認自己快樂不起來。瑪麗甚至說，停止這些活動後，他們一家人反而變得更親近。經過一段時間的療傷後，瑪麗和家人終於又可以歡度節日，只是改變了以往的慶祝的方式。

瑪麗並沒有想，我們乾脆假裝什麼事都沒發生；一切都很好；或是儘管難過，我們還是可以很開心。相反的，她想的是：

我們可以在彼此的身上找到喜樂，而不必強迫自己用其他的方式強顏歡笑。

你會發現，節日要「視而不見」是很難的，而且你也不想假裝。事實上，你可以安排一些時間和空間，讓你的失落也成為節日的一部分，例如：將摯愛的人也納入餐前的祈禱，或是為他（她）點上一根蠟燭。為摯愛的人簡單做一些事，就能展現出你心中那永恆不渝的愛，而且給自己的失落感一些時間，並承認它的存在，往往會比壓抑它還容易許多。

你可以這樣想：

這是母親過世後，我們過的第一個感恩節。儘管她不在了，但我們仍要在餐前祈

禱中唸她的名字，並懷著滿滿的愛來緬懷她。

我們為姊姊點上這根蠟燭，並且送愛給她。

摯愛的人永遠活在我們的心中，我們一起來分享與他（她）有關的美好回憶或趣事吧。

你的想法可能會很負面並感到哀傷，這是很正常的人性。你可能天天想著摯愛的人，也可能產生寂寞的感覺。此時，要注意你的念頭，留意自己不斷在重複哪些想法。不斷重複負面的想法，只會使你陷入黑暗之境，對你自己或摯愛的人都沒有榮耀可言。

有些時候，節日會使我們聯想到摯愛的人離去。也許你的丈夫死於情人節前夕，或是在母親節或父親節當天撒手人寰。要是他死於復活節後，或那是他最後一次過踰越節，那麼你是永遠忘不了的。也許他死於新年的除夕，或是接近國慶日的時候。那麼，從此以後，這些節日就再也不一樣了。節日是一種標記，因此就算你摯愛的人不是死於某個節日的前後，你還是會回想說，那是他過的最後一次感恩節或聖誕節。有些人會知道那是他們度過的最後一個節日，有些人則否；但不論是哪種情況，過去那歡樂的日子再也不會一樣了。現在的問題是，從此那一天到底要成為緬懷摯愛的人的光榮日子，還是要成為年年都出現的世界末日？

就算你覺得自己再也無法享受那些節日，那也是很正常的，而且它們也肯定與以前完全不同。然而隨著時間過去，多數人還是能從節日的精神傳統（其緣起是為了證明愛的存在，而不是失落）中找到新的意義。

經歷喪親之痛後，節日顯然是你必須跨越的關卡；至於如何跨越，人人的處理方式不盡相同。但真正重要的是，要看見從失落中反映出來的愛。

這次的節日，我們要看見愛的榮光，而不是失落。

節日也是人生旅程中必須全然體驗的一部分，你可以先把焦點放在愛與回憶的分享上。最後終有一天，你想要什麼樣的節日體驗，都可以自行選擇。

試著用正向的話語來詮釋，因為話語可以令你上天堂，也可以讓你下地獄。傷痛的痛楚可以傷害你，而正向思考和慈愛則可以療癒你。

今天，我們要懷著最甜美的愛來緬懷你。

責任與責備

生活中發生死亡的事件時，我們都會想找出其中的原因。我們會想知道，是否是因為誤診、自我毀滅的行為、或是一時的疏忽才發生這種事，因為我們很難平靜地接受這種突發的狀況。發生了車禍，即使是在急診室，你也會聽見醫護人員問：「她（他）有繫上安全帶嗎？」當有人在醫院承認自己得了肺癌，我們也會問：「她（他）有抽菸嗎？」如果能找出導致摯愛的人死亡的原因，也許我們就不會重蹈覆轍，從而逃脫死亡的魔掌。

西方世界的人幾乎都相信，人的死期是可以自由選擇的。真相當然不是如此。事實上，人一出生，就注定有死亡的一天。有陽光就有陰影；有生命必然有死亡。若是認為死亡不會發生在自己的身上，或是以為自己可以想辦法避免死亡，那樣就有點太過自大了。

一九九六年著名電影《今天暫時停止》（Groundhog day），由比爾・墨瑞飾演的男主角菲爾每天都重新活在同樣的一天，但也因為如此，他能改變自己處理人生各種事情的方式。這部電影告訴我們，人生的事件也許無法改變，但菲爾卻可以用許多不同的方式來回應它們。到了最後，這一天的結局變得完全不一樣。

有一次，菲爾看見一個流浪漢死了，於是他決定改變他的命運。當他再次又重活那一天時，他給了流浪漢一些錢，接著又帶他去餐館飽餐一頓，但仍改變不了流浪漢死亡的命運。儘管有菲爾的介入，但那個人還是死了，於是菲爾了解，不論他對自己的人生有多大的控制權，但對於死亡，還是無能為力。

然而仍有許多人真的還在說服自己，認為只要改善自己的作為就不會死。重點並不在於正確的飲食、運動、或健康的選擇，而是我們無論如何都會死的事實。相反的，我們平常應該致力於健康的飲食、規律的運動、並作出有益的選擇，因這是我們用愛對待自己身體的方式。如果有人說這太矛盾了，那麼我們會說：「這是你應該做的事，因它們對你的身體有益。」它們可以使你延年益壽，但別為了逃避死亡而做這些事。

提醒自己，你必須為自己的健康負責，但別為了生病而責備自己。仔細檢視疾病形成的前因後果是有幫助的，但這並不表示你應該為生病這件事而責怪自己，或是在臨終時覺得自己是失敗的。

歸咎過錯

有時候，當不好的事發生時，我們第一個反應就是看這是誰的過錯。

十九歲的安妮塔在大學主修舞蹈。她宿舍的舍長凱西也主修舞蹈，但她是研究所的學生。安妮塔很喜歡凱西，因她有點像大媽的樣子，人又很貼心，常常幫忙協調學生間的糾紛，令人感到十分安心。

有一天她回宿舍時，碰見凱西的男朋友伯特。「嗨，你有看見凱西嗎？」他問她。

「今天沒看見耶。」

「如果你碰到她，跟她說我在咖啡館那兒。」

後來，安妮塔在宿舍的公共休息室看見了凱西，她就將伯特的話轉告給她。

「謝謝，」凱西說，並且離開去找伯特。

大約一小時後，安妮塔聽說通往購物中心的馬路上發生嚴重的車禍，結果竟然是凱西被車子撞了，並且當場死亡。

剛聽到這消息時，安妮塔震驚不已。隨著時間過去，她想到，當初如果別轉告凱西那些話，也許她現在還活著。

喪禮中，安妮塔想到自己在朋友車禍死亡中扮演的角色。儘管沒人說這件事跟她有關，但她就是覺得自己對凱西的死負有責任，並跟一些朋友談到她的感覺。其中一位朋友告訴她：「這不是你的錯，因你根本不曉得未來會發生什麼事。」

另一位朋友說：「你不過是受伯特的請託罷了，你是個好人。」

安妮塔知道他們說的都是事實，但她還是覺得自己有責任。她不斷告訴自己，當時我應該閉嘴的，接著很快又對自己說，要是當時我沒告訴她那些話，凱西現在還活著。她內心像唱片跳針一樣不斷地重複這些話。

安妮塔那時還是十分純真的少女，認為自己確實是導致朋友死亡的重要原因。她想著在自己還沒出現時，身邊所有的一切都還平安無事。自己一定是壞人，因她一出現，所有事情就變糟了。還不住責備自己，我真是成事不足，敗事有餘。我真是個倒楣鬼。

這件事發生沒多久後，她就輟學了，之後談過幾段感情也都非常不順利。接下來的五年，她簡直是活在地獄中；為了糊口，不停地換工作，從一個地方搬到另一個地方……最後跟所有的朋友都斷了聯繫。

有一天，她輾轉又搬回舊地方，命運使她與伯特不期而遇。他在取得碩士學位後，就在母校擔任心理學的教職。伯特不知道這些年來安妮塔發生了什麼事，畢竟人離開學校總是有許多的原因。兩人話匣子一開，他才知道她的人生一直諸事不順。

「安妮塔，凱西的死並不是你的錯。如果你還是這麼認為，那麼錯的人也應該是我，因為當初是我拜託你代為轉告的，但我根本不可能會故意去做那些致她於死的事。」

「當然了，你有多愛她我又不是不知道，大家怎麼可能會認為這是你的錯？」

「既然這不是我的錯，那又怎麼會是你的錯呢？」

安妮塔忽然明白，原來她錯怪自己了。她從此和伯特成為好朋友，他也花時間盡力幫助她了解，造成她諸事不順的是她的思維，與凱西的死毫無關係。

最後，安妮塔終於相信伯特說的話，並與朋友分享。由於當初他與她的處境其實是一樣的，因此他說的話具有不一樣的說服力。不過最重要的關鍵在於她已覺察到自己的思維，她把傷痛轉變為自責，而將一切歸咎於自己。

歸咎的遊戲是沒有贏家的，任何人都得不到平安，而摯愛的人也永遠不會希望他們的死摧毀我們的生活。死亡提醒我們，要好好珍惜餘生，及時付出我們的愛。它其實是一項禮物，要我們善用僅有的光陰來紀念亡者。

要是我們真的可以為別人的生死負起絕對責任的話，那我們一定會選擇讓別人活下來。想想安妮塔和凱西的例子，若是安妮塔真的可以選擇的話，她肯定會選擇讓凱西活下來，然而凱西的死剛好證明，這件事絕對不是安妮塔所能控制的。

我只能對自己的生命負責。
我的生命是一項禮物。
我讓自己從所有的內疚與評判中解脫。

放下負面的詮釋

傑克跟公司同仁說再見，因他興高采烈地要和妻子搭船出遊一星期。他告訴同事，他要把工作上的事拋諸腦後，旅遊期間一刻也不會想到工作。同事知道這對他而言是很大的突破，因他是某家知名連鎖飯店的總經理，他已有好幾年的時間沒度過假了。

傑克出發後，同事都希望他好好享受這次旅遊，別再掛心飯店的出餐、總務效率或前檯的運作。在他預定回來的前三天，即使沒有他，公司事務仍然運作得很好；大家顯然都忘了他的存在，並且很自豪於在他旅遊期間的團隊表現。

後來他們接到電話通知，傑克在船上心臟病發，情況危急。當下就斷了氣。同事們花了好幾天的時間接受惡耗，總公司也派了員工協助顧問來安撫他們的情緒，而他們的談話內容也透露出他們處理傷痛的方式。

餐飲服務的主管吉姆說，「我絕不會去度假。」他進一步說道，「嚴格說來，這人從來就沒休過假，但最後他還是去了。結果呢？他死了。」

總務主管珍妮特說，「人生真是悲哀，才剛開始要對自己好、好好享受自己的人生，竟然就發生這種事！」

另一部門的經理茱莉說，「傑克是個大好人，做事從來不會出差錯，可惜還不到寫遺書的年紀，竟然就死了。」

他們說的這些話，都是一種負面的詮釋。也許我們覺得某人死得太早了，但我們永遠不會明白其中的「原因」。但這些負面的詮釋會對我們的人生造成什麼樣的影響呢？如果每個「生」都是在教導我們人生功課，那會是如何？如果每個「死」也是在教導我們人生功課，那又會如何？我們是否能回頭看傑克的人生，並發現其中的人生功課呢？也許他的同事會說，他熱愛他的工作。但我們可以說：

真棒！傑克終於做了他人生中想做的事。

如果用評判的眼光來看他（其實我們是在評判自己），我們便會看見他沒有好好利用時間享受人生。因此，我們可以這樣說：

傑克的生與死，提醒我們要活出均衡的人生。

我們可以從傑克身上學到的另一種人生功課，就是花一些時間問自己以下這些重要的問題：

我現在過的生活，是我想要的嗎？

如果我的生命明天就結束了，我會有任何的遺憾嗎？

我真的想要這樣過日子嗎？

在還來得及的時候，我想為自己的人生做出哪些正向的改變？

在檢視責任或推卸責任的面向時，傑克的生與死提醒我們，人要過著均衡的人生。他的死對他的同事來說，要不就是帶給他們推卸責任的訊息，要不就是喚起他們對負面思維模式的覺察。這件事使他們明白自己作了那些明確的抉擇：「幹嘛要休假呢？反正人遲早會永眠的。」或是「生命是個禮物；工作與休假，這兩種生活我都想全然去體驗。」

傑克的例子提醒我們，要活出自己的天命，同時也意謂著要給傷痛時間。如果我們允許傷痛的感受流經我們，那麼它會呈現什麼樣貌？感覺傷痛時，如果我們讓哀傷像春雨一樣洗滌我們，然後朝下一個體驗繼續前進，那又會如何？但這並非表示，我們拋下了對死者的愛與回憶；相反的，這意謂著我們已為他們在心中找到一個永恆又溫馨的處所。

發現傷痛也有可貴之處

一旦我們了解，我們無須對摯愛的人的死亡負責，那麼接下來的問題是：「那我們該為什麼負責？」當然，最明顯的答案，就是我們必須為自己的人生負責，這同時也表示我們必須為自己的傷痛負責。如何為自己的傷痛負責呢？答案是看見它也有可貴之處。我們可從安寧照顧護士瑪莎的身上，學到很有趣的人生功課。

瑪莎在醫院的教堂參加病人的喪禮。典禮接近尾聲時，新的護理長艾麗夏到了現場，並且驚訝地發現，瑪莎整個人靜靜地在啜泣著。她擔心瑪莎可能因為病人死亡而悲傷過度，於是心裡想：「看來我得送她回家，她好像還沒從安寧照顧的工作狀態中走出來。」

典禮結束後，艾麗夏走上前去，詢問瑪莎還好嗎？

「我還好。」瑪莎讓自己平靜下來。

「我很擔心你，」艾麗夏說，「我知道你照顧這位病人很久了，你看起來好像真的很難過的樣子。你有辦法回來工作嗎？」

「嗯，我可以。」瑪莎說，「每次我照顧的病人走了，我都會讓自己全然去感受那種悲傷，接著就能回去繼續工作。我想將所有的情緒都宣洩出來，而不是帶著它們進入下一刻、或面對下一個病人。」

這位護士講到了重點。我們通常會以為，如果讓所有悲傷的感受宣洩而出，我們就會被它們擊垮。當然，我們也發現，一個失落會喚起過去另一個失落，因我們當時並沒有全然去經歷它們引發的傷痛。如果每一次的失落，我們都允許自己全然地體驗它的傷痛，那麼我們的人生會變得如何？我們將可以真正活在當下，並朝向人生的下一個新體驗前進。只要我們能發現傷痛也有可貴之處，而不是無謂的悲傷，那麼這世界的痛苦就會減少很多。

傷痛是真實的，因為你的失落是事實。如同我們失去的人一樣，每段傷痛也都有它獨一無二的印記。我們都以為，我們想躲避的是傷痛；但其實我們真正想躲避的是失落的痛楚。事實上，傷痛是一種療癒的過程，只要我們允許它發生，而不讓扭曲的思維干擾它，那麼它終究會平復我們的痛楚。

超越傷痛之上

一旦你能超越原先關於傷痛的想法，你便會開始感激摯愛的人與你共度的那些時光，即使那只是短暫的鱗光片羽。你很可能會發現許多隱藏的禮物。

當人處於傷痛的狀態，是很難想像失落能出現什麼好事，而且很重要的一點是，安慰處於傷痛的人時，千萬別跟他們說事情總有好的一面，因為當你失去摯愛的人時，是沒有好的一面可言的。唯有接受這個失落，隨著時間慢慢過去，你才會發現這件事具有更深層的意義。我們之前提到過羅斯女士的傷痛五階段（否認、憤怒、討價還價、沮喪和接受），通常我們將這更深層的意義稱之為「第六階段」。

這意義可以有許多不同的形式，但就它的核心來說，本身即是一種肯定語。悲劇發生時，在這巨變背後所隱含的意義，就是諸如以下的肯定語：

我不是這場悲劇的受害者。

我會從這件事中成長。

從失落中成長並超越傷痛之上，其中一個很好的實例就是「反酒駕婦女聯盟」（MADD）的發起人萊特娜女士（Candy Lightner），她十三歲的女兒因他人酒駕撞斃。歷經喪女之痛後，她成立反酒駕組織。事實上，萊特娜女士有充分的理由成為事件痛苦的受害者，然而即使這是一場悲劇性的意外，每個人也都願意安慰她，但萊特娜女士卻作出不一樣的選擇。她將自己的生命奉獻在倡導對酒駕的重視，並促進通過更嚴格的立法，以避免無辜的人們再次成為酒駕者輪下的冤魂。

一旦我們放下責難而扛起責任，某種偉大的東西就會出現，它即是傷痛的力量。我們不一定能看出傷痛的療癒力，但這些療癒的力量確實不同凡響；它就像車禍或重大手術後，身體會自行痊癒一樣的神奇。傷痛可以改變、重造破碎的生命，並治癒受傷的靈魂。

回想身邊有誰經歷過重大的失落，並想想看那個人當時的生活。接著再想他（她）一年後的樣子、二年後的樣子。一旦那個人能放下責難和內疚，並為自己的傷痛負起責任，神奇的改變就會發生。如果療癒沒有出現，很可能是那個人受到自己負面想法的雜音干擾，導致真正的療癒無法發生。因此，以下的正向思維要牢記在心：

傷痛加上愛，永遠行得通。

傷痛加上愛，永遠能療癒。

處理自殺事件

自殺事件可能是你最難以面對的失落之一。摯愛的人自殺後，有幾個觀念很重要：自殺的人並不是「壞」人，他們只是靈魂承受極大的痛苦，而基於某種你無法了解的原因，這些靈魂選擇了離開他們的肉體。

儘管你會覺得自己的人生錯過了某些事，但你也必須相信，有個全知、全愛的宇宙隨時在看顧你的靈魂及它的成長。當你的想法或信念告訴你，摯愛的人自殺是一種可怕的錯誤時，你就必須了解：在靈性上，所有的靈魂及其發展的軌跡都受到宇宙的看護，它永遠不會遺落、忘記或錯置任何一個靈魂。

德瑞克在生命線服務十年了，那是不支薪、純粹義務性的工作。白天，他是一家知名會計事務所的會計師，而他往往會被問到：「你怎能忍受生命線那種工作？萬一無法挽回對方的生命，那你該怎麼辦？」

德瑞克總是這樣回答：「我祖母時常說一句話，『只要人人自掃門前雪，這個世界就會乾淨多了。』」他解釋說，這句話是告訴我們別多管閒事，只要顧好眼前的分內事就好。「我將它延伸到自己的生活，」他說，「以及生命線的工作上。我只管好自己的門前雪，亦即我的互動、反應和說出去的話，因這是我唯一能掌控的。至於別人要怎麼做或怎麼想，那是他們家的門前雪，我永遠不會去干涉。

「世上只有三個區塊：我的門前、你的門前和上帝的門前。我唯一能夠做的，就是專心掃好我自己的門前雪：展現出愛心、尊重和體諒，並永遠對來電求助者展現親切、慈悲的態度。對方要怎麼回應，那是他們的事。至於誰生誰死則是上帝的事，那是祂的門前雪。」

自殺發生的時間沒有對錯之分，因為生有時、死有時，它就是我們的時間。在那一刻，你必須確定你還愛著自己。別失去信心，不論你的處境如何，你都是值得被愛的。

你必須檢視自己的念頭和感受，萬一發現自己也捲入自殺者的內心掙扎，此時記得要這樣想：摯愛的人現在再也沒有這些痛苦了。以下的肯定語也能有所幫助：

我摯愛的人不再痛苦了。

我摯愛的人的靈魂，現在已經解脫了。

摯愛的人自殺往往會使你產生內疚，覺得這件事自己也有責任，例如沒注意到事前的跡象或警告。此時，可以練習以下的肯定語：

我將所有的內疚，都交給我那更高的力量。

我知道這是某某人（唸摯愛的人的名字）注定好的靈魂旅程。

也許你會因摯愛的人做出這種事而憤怒，但你並不是自殺事件的受害者，因為不論情況為何，他們的死都不是「針對」你而來。有時候，記住人與人之間的關係真相，並承認自己能控制什麼、不能控制什麼，這樣做對你是會有幫助的。此時也可利用以下的肯定語：

我願放下憤怒，並請求造物主的療癒。

在另一個世界，我們的靈魂永遠連結在一起。

對方的死，觸碰不到、傷害不了、也無法破壞你們之間的愛，記住這一點是很重要的。有一天，你的靈魂會知道，這一生如何死去不過是整個生命大戲中的小戲碼而已。

但遇上摯愛的人以這種方式離開，通常會需要做很多的寬恕功課：

我寬恕我摯愛的人離開。

我寬恕我摯愛的人在此生所做的任何事。

要認知到，摯愛的人當時身心都深陷於迷失與痛苦的狀態中。如果可以的話，你應試著用愛與慈悲來理解那種痛苦；畢竟，人人都有無法戰勝心魔的時候。接下來，用同樣的愛與慈悲來對待你自己的思想和行為：

我寬恕自己沒去做該做的事。

我寬恕自己做了自己認為不該做的事。

不論任何事，我都全然寬恕自己。

我終於認清，只有愛才是真實的。

雖然療癒自己做了什麼、或沒做什麼的罪疚感是很重要的事，但罪疚感是你行為的一種反映，而羞愧感則可能是你覺得自己是什麼樣的人的一種聲明。摯愛的人自殺後，你的內心可能會出現許多的想法，例如：我不值得與摯愛的人在一起；摯愛的人根本不在乎我的存在；我們的婚姻、家庭和人生太糟糕了，所以摯愛的人寧願去死。然而這些想法，沒有一個反映出真實的你。你應該試著這樣想：

我看見自己的價值。

不論人間發生什麼事，我都是值得被愛的。

我靈魂的價值永遠珍貴無比。

我所有的關係都是神聖的。

最後，最重要的是要了解，你無法為別人的死負責，因為永遠沒人能知道彼此的靈魂功課是什麼，你根本無法預測別人的靈魂此生該走的生命歷程是什麼。你只能回到自己內心所知道的事實：

我只能為自己的靈魂旅程負責。

療癒喪子之痛

有人說，喪子之痛是最難以承受的創傷。發生這種不幸時，身為父母的人該如何全程走過傷痛並尋求療癒？由於父母對於子女的生命負有部分的責任，那麼悲劇發生時，我們該如何要求父母放下他們的罪疚感或自責？甚至連建議他們放下，是否也會顯得冷酷或無情？

喪子之痛是一個很好的例子，說明療癒不僅是發現失落也有可貴之處的方法，同時對於死者的家人來說，也是一種救贖。如先前萊特娜女士的例子，我們見證了傷痛的驚人力量及它帶來的生命禮物。萊特娜女士在經歷喪女之痛後，不僅療癒了自己成為超越傷痛之上的耀眼典範，甚至還為其他無數人的生命帶來正向的影響力。同樣的，要說明傷痛的神奇療癒潛力，最好的方式就是透過真實的故事，而我們很幸運地發現一個很好的實例。我們決定用第一人稱的方式，來分享這位母親的經歷。

在我六歲兒子傑西生命最後的一天，我們就像往常一樣，唱完起床的歌曲、互相逗鬧、穿好衣服後，我送他走到門外，交給等著送他上學的爸爸。傑西十二歲的哥哥傑帝已經坐在校車巴士上了。

儘管趕著上班，但我還是抱了一下傑西跟他說再見。我發現他用他那小小的手指頭，在我結霜的車窗上，小心翼翼地寫了「我愛你」三個字，還在後面畫了三個愛心符號。我的心都融化了。當下，我決定衝回屋子裡拿手機，好將這個畫面拍下來。雖然那是寒風刺骨的十二月早晨，但是陽光普照，我讓傑西站在他寫的字旁擺好姿勢，並全力尋找最佳的角度，將他與他寫的字都拍攝入鏡。接著他就上學去了，而這也是我見到兒子活著的最後一面。

傑西就讀桑迪胡克小學一年級。二〇一二年十二月十四日早晨，一名患有精神疾病的年輕人在校門口開槍後走進校園，槍殺了我心愛的寶貝傑西及其他十九名學生，還包括六位教師及行政人員也慘遭射殺。我事後得知，傑西當時勇敢地衝去救他的同學才命喪槍下。儘管我並非一開始就知道這件事，但內心早已知道傑西會這樣做的；

因為以他的勇氣和無私，他一定認為自己可拯救大家。

在傑西的喪禮上，我就站在他那小小的白色棺木後面說話。之後，許多人陸續來問我，接下來他們該怎麼辦？這整起悲劇就是從一個憤怒的念頭開始的，因此我建議他們，每一天都要把憤怒的念頭轉變成愛的念頭，畢竟，它只是一種選擇。就從一天改變一個念頭開始，我相信，我們可以讓這世界充滿更多的愛。隨著時間過去，我的朋友甚至不認識的人都不斷來跟我說，這個訊息對他們的人生產生多大的正向改變，而他們也將這些話告訴自己的親朋好友。雖然它只是一個簡單的選擇，但卻具有改變生命的強大力量，甚至可以改變整個世界。

為了使傑西的回憶充滿光榮，並讓我的人生繼續向前邁進，我決定用愛與寬恕來面對這場無端的悲劇。來自我們鎮上、國家及世界各地的愛與支持，顯示出我們能在愛中結為一體，一起面對並戰勝邪惡的力量。我相信這場悲劇會讓許多人的生命變得更好，因現在人人都開始選擇一條充滿更多愛與慈悲的道路。

一早醒來，我們每個人就面臨一個抉擇：我們是要活在恐懼中，還是活在信心裡？然後進入這天天都在善惡交戰的紅塵世界。我們每個人都有責任把光和愛帶入這人間，而我們就是透過每天的想法與互動來做到這一點。

不管是什麼境況，死亡都是我們人生旅途中最難面對的事。儘管心痛，但我們還是可以了解，我們可以用不同的方式來想念、榮耀我們摯愛的人。舉例來說，如同先前討論過的，我們必須記住生日、周年紀念和其他節日，好提醒我們，我們的愛是永恆的。

如果你正處於傷痛的艱難時刻，或努力想與摯愛的人建立連結，那麼你可以嘗試這個練習：

找一處可以專心靜下來的地方，閉上眼睛，把注意力放在呼吸上，讓每個呼吸都慢下來。

心中觀想摯愛的人的臉龐，想像她（他）處於人生快樂時光的光景。讓她（他）的存在充滿你內在的空間。想像她（他）雙眸明亮，容光煥發。感受你們兩人之間還繼續存在的連結。現在，把你覺得有必要跟摯愛的人說的話告訴她（他）。你心中的感受，她（他）的內心也可以感受到。要知道，雖然她（他）已不在肉體中，但你們的連結卻不曾斷過。

現在，在寧靜中傾聽她（他）可能想對你說的話。聽完後（如果有的話），感謝她還與你保持這個連結，並隨著呼吸將那些話放進心坎裡。除了你們心心交流的溫柔心聲外，其他的全都放下。

當你準備好，將注意力回到呼吸上。睜開眼睛，讓自己回到身體來。起身離開時，要記得，摯愛的人與你是形影不離的。愛永遠不死，這是最終的真相。

練習過程中若出現任何負面的東西，請將它視為一項禮物，因它能幫助你釐清：你需要寬恕摯愛的人嗎？他（她）需要寬恕你嗎？你了解自己有放不下的自責或內疚嗎？如果有的話，別忘了，接納傷痛可以有助於你的療癒。

當你允許自己全然地感受傷痛，就要開始放下自責和內疚的負面思維模式。不論摯愛的人以何種方式離開人世，你都要知道，你會在彼此人生旅程的交會中找到溫馨的感恩。終究，你會明白這一真相：愛的力量是不會被死亡擊垮的。

下一章，我們將檢視另一種深具影響力的失落（失去心愛的寵物），並同樣運用傷痛與寬恕的工具，使我們不僅能療癒自己，同時還能看見失落也有可貴之處，並心懷感激。

/第五章/ 寵物死亡

Honoring Pet Loss

——失去寵物的傷痛，不易平復，而且會因傷痛被別人看成太不值得而更加難過。傷痛與愛息息相關，對我們表達最多無條件的愛的，往往就是我們的寵物夥伴。

傷痛是生命的自然反映；當我們對一段關係有了情感和執著，自然就會有傷痛的存在。我們會哀悼摯愛的人、討厭的人或甚至痛惡的人。沒有執著就沒有傷痛。我們對寵物其實是很執著的，因此如果認為我們不會因失去寵物而感到傷痛，這種想法似乎是很愚蠢的。

寵物與我們相處在同一個生活空間（其中有很多是在我們的床上），是我們真正的家庭成員。儘管如此，寵物死了之後，人們通常會發現，不論是自己的情感、或是表達情感的對象，他們都必須非常謹慎小心。因為他們打從心裡知道，自己面對的是一種被剝奪的傷痛，亦即這是其他人會覺得「沒什麼大不了」的傷痛。當他們說出自己心碎的心情，得到的回應往往只是：「唉喲，不過是一隻動物嘛，又不是人」、「再養一隻就好啦！」

事實上，失去寵物的傷痛，並非像某些人認為的那樣容易平復。而且我們會很難過，我們的傷痛被別人看成太不值得。傷痛與愛息息相關，而對我們表達最多無條件的愛的，往往就是我們的寵物夥伴。儘管已經盡力，但我們還是經常受到某些社會判斷的影響，認為：我不應該如此傷痛。然而一旦讓這些想法跑進來，我們就背叛了自己真正的情感。

更明顯的是，我們平常對待牠們就像人一樣，這讓失去寵物的傷痛變得更複雜。當牠們處於臨終的痛苦時，儘管我們很想將牠們留在身邊，但通常還是會選擇安樂死，以確保牠們能在愛的氛圍下死得有尊嚴。但有些時候，我們並不曉得自己是否在對的時間做出正確的決定，這也使得我們的失落變得更難熬。

人對自己的寵物有很深的情感，相信許多人會對幽默演員威爾・羅傑斯（Will Rogers）所說的這句話深表同感：「如果天堂沒有狗，那麼我死後，寧願去有牠們的地方。」

重視失去寵物的傷痛

艾拉養了一隻名叫「大蒜」的德國牧羊犬。牠之所以被叫做大蒜，是因為艾拉想盡了辦法，還是無法改善牠的口臭問題，但每個人第一次見牠，都會稱讚牠很漂亮，並認為牠的口臭沒那麼嚴重。幾年後，大蒜成了街坊鄰居的常客，當人們出門或在附近走動時，都會忍不住對著在前院或閒晃中的牠喊：「嗨，大蒜！」

後來，大蒜因年老力衰死了。艾拉和家人認為，既然大蒜以前都跟街坊鄰居有所互動，現在牠死了是否也該讓他們知道？否則一隻狗像小孩的玩具或陽台的椅子一樣，突然在大家的生活圈中消失不見，會是很奇怪的事，況且這傷痛要是祕而不宣，可能有好幾個星期或好幾個月，不時會有不知情的鄰居跑來問：「大蒜呢？」到時候，他們又得一次又一次地解釋。

於是，艾拉決定寫一封大蒜的訃聞，並附上牠的照片，用電子郵件寄給所有的鄰居。她從守望相助會的名單取得了鄰居的聯絡方式，儘管她有點擔心利用它來做這種用途，可能會引起某些人的反對，但她的家人都對自己說這句話：

我們懷著滿滿的愛，告訴鄰居朋友我們的傷痛。

結果出乎他們的意料，幾乎所有人也都懷著滿滿的愛來接收這個消息。有一天艾拉來到某個鄰居的廚房，看見大蒜的照片就貼在他們家的冰箱上。鄰居回覆電子郵件的踴躍，也出乎艾拉和家人的意料之外，其中一封郵件寫道：「雖然你們不認識我們，但我們都認識大蒜，因每天下午四點鐘左右，當我們從學校接孩子回家時，大蒜都會跑來我們家。我們時常在想，這麼貼心的狗，肯定有個貼心的主人。我們期待早點見到你們，並親自登門致意。」

每次被問到訃聞的事，艾拉只是回答：「既然牠活著的時候是如此重要，牠的死不也該慎重其事嗎？」這是一個極好的案例，說明了她對家人傷痛的重視，使得其他人也會尊重他們的傷痛。

很明顯的，這隻狗的離去改變了整個街坊。有人拿鍋子來，有人拿派餅來……就彷彿大蒜是人一樣；甚至還有人用牠的名義，捐錢給動物慈善機構。大蒜離開我們之後，整個街坊都瀰漫著溫馨的氣氛，久久不散。

與失去摯愛的人比較起來，失去寵物會有特殊的難題出現，因為從養寵物的那一刻起，我們就必須照顧牠們一輩子。就像養小孩一樣，我們得照顧牠們、保護牠們的安全、餵養牠們、關心牠們的福祉。牠們是我們的責任，因此我們很容易從傷痛轉變為內疚，認為牠們的死是我們的疏失，然而事實的真相是，儘管我們為寵物盡了最大的力量，有朝一日牠們還是會死去。以下的故事就是傷痛轉變為內疚的典型案例。

那一天是星期三，雪洛搖著寵物零食的盒子，叫喚她心愛的貓咪提米回家吃飯。就在牠上樓梯的時候，雪洛發現牠走路不太對勁，好像很痛苦的樣子。她丈夫打電話到處找夜間營業的動物醫院，但都徒勞無功。最後，雪洛和丈夫只好陪在提米的身邊直到天亮。

隔天一早，他們就帶牠去看獸醫。檢查結果發現，提米的尿路阻塞，必須留在醫院治療，但雪洛夫婦可以隨時打電話來詢問最新的狀況。提米送醫後，他們也總算放了心。

下午，雪洛決定帶她七歲的女兒到當地的游泳池與朋友見面。她們度過一個愉快的下午。回家的路上，雪洛打電話到獸醫的辦公室，想了解一下提米的情況。當她聽到提米二十分鐘前已經斷氣的消息，急忙把車子停到路邊，似乎獸醫之前已在她家的電話答錄機中留言，沒有直接打她的手機。

雪洛感到相當錯愕。此時的她充滿了負面的想法和反應，甚至不知接下來該如何開車回家。好不容易回到家，她終於崩潰了。「怎麼會這樣？」她哀痛不已。顯然，提米的小心臟一停止，雪洛全家人的心都碎了，因為提米對他們而言不僅是一隻貓，而是他們的家人和朋友。

有時候，內疚和疑問會立刻伴隨著傷痛出現：當初我們應該整夜開著車帶牠去找動物醫院的，我們怎麼不做呢？是食物害了牠嗎？我們有餵錯食物嗎？我們給牠聖誕節的火腿當零食時，牠的反應有遲鈍嗎？那火腿是不是太鹹了？我們怎麼沒注意到牠一直在喝水？提米都快死了，我怎麼還在游泳池怡然自得？

他們把提米埋在後院的一棵樹前面，雪洛會去那裡靜心。有一天下午，她開始跟心愛的貓咪說話。她告訴牠，她很抱歉當時沒多做些什麼來挽回牠的生命。她回想道：「我做了幾次深呼吸，整個人忽然感受到一股寧靜的力量。接著，我聽到這些話：『寬恕自己吧！你沒做錯什麼。我知道你非常愛我，而且就靈性來說，我依然在你左右。』起初我以為這是我自己想出來的，但若是這樣的話，為何我會變得比之前平靜許多？因此我相信，這是提米在幫助我放下我投射在自己身上的內疚和憤怒。」

雪洛接收到提米的訊息後，她說：「傷痛其實是一種祝福，儘管當時我並不了解這一點，因我那時看不到生活中的意義，而將摯愛的一切都視為理所當然！我已忘記生命的可貴。傷痛拉近了我們彼此的距離，使我們的關係更密不可分。我不斷收到一個又一個『無條件的愛』的禮物，那是生命中最重要的愛。因此，我們必須更加珍惜我們摯愛的一切，無條件地去愛，就像我們對心愛的提米所做的一樣。」

她加上一些正向的肯定語，例如：

我寬恕自己，讓我們彼此都得到解脫。

我選擇把注意力放在無條件的愛上，這是提米獻給我們的祝福。

幾天後，雪洛開始感覺輕鬆多了，因為她了解，這隻貓將永遠是她內心的一部分，並且知道將來彼此還會在天堂團聚。

很重要的一點是，如同失去摯愛的人一樣，失去寵物時，我們也必須留意自己的念頭。我們可以利用肯定語來想起自己的好、自己的真實面貌（這才是寵物眼中的我們），而這也正是牠們可以無條件愛我們的原因。在傷痛中，我們可以回過頭來想想，為何我們沒注意貓咪喝太多水，或愚蠢地餵牠們不健康的零食。此時，記住這一點很重要：餵寵物零食是相當稀鬆平常的事，牠們並沒因此而死；同樣的，牠們有時候也會很口渴，但牠們也沒因此而死。事實上，我們用扭曲的想法去挑出牠們的死因，不過是想蒐集那些可以證明我們是「壞」人的證據而已。

然而，提米卻使雪洛憶起了真相：

寬恕自己吧！你沒做錯什麼。我知道你非常愛我，而且就靈性來說，我依然在你左右。

當我們與人建立起關係時，其實他們只能陪我們一段時間，而且我們無法知道那是一個月、幾個年頭或是半個世紀。我們與寵物的關係也是如此，但其中或許有一個

第五章
寵物死亡

令人吃驚的差別：我們的寵物有時能感覺到自己的大限來臨。我們時有所聞，貓或狗在生病的時候，會將自己封閉、隱藏起來，靜靜等候生命的結束。要是寵物能感知到自己的死期，甚至是致命的意外呢？小狗荷馬的故事，就是一個典型的案例。

荷馬是一隻瘦長的褐黑色短毛犬，咖啡色的大眼充滿了靈性。牠的主人安迪永遠忘不了那改變他人生的一天。

「某個星期五，」安迪說，「我養了近十年的愛犬荷馬，就在我們家門前被車撞死了。當時牠一定是沒看到車，因牠非常熟悉路況，而且懂得閃避車輛。妻子和我既震驚又難過。我每天都會靜心、操練肯定語並做鏡子練習。我一直覺得荷馬時日不多了，因此已做好牠會慢慢離開我們的心理準備，但不是突然離開那種。

「自從事情發生後，我的淚水停不了二十分鐘，馬上就又簌簌而下。到了星期天下午，我去找一位懂得動物傳心術的人。她告訴我，她跟荷馬連結上，說牠早就曾試著告訴我，自己即將要離開了，只是我都不願相信。還說，那輛車不過是牠為了離開人間所安排的劇情罷了，因牠總得透過某種方式才能離開這世界。

「荷馬也說，牠已支持我夠久了。我曾寫下那一天早上的事，當時我正極力克服人生中的沮喪及負面思想，而牠往往是唯一能聽我哭訴的對象。我知道牠已圓滿達成協助我的任務，因我已不再那麼痛苦，而牠也還有其他事情要做。我感受到極大的祝福。從那時候開始，我就不再流淚了。現在，我看著牠的玩具、庭院及牠待過的任何地方，感受到只有喜悅而不是悲傷。」

安迪也在臉書的網頁及私訊中得到很棒的迴響。「我覺得，人們雖然可以在臉書上得到非常多的生日祝福，」安迪說，「但它比不上貼出一篇關於寵物死亡的消息。荷馬的故事感動了許多人，遠超乎我的想像，而且至今影響力不減。」

寵物同人類一樣，當牠們離開時，我們除了全然接納那傷痛外，往往也會得到牠們所留下的極棒的人生功課。安迪曾經每天帶著淚水入眠。直到某天晚上，當他又要度過悲痛的一夜時，他不斷對自己說：

我會記住所有荷馬帶給我的禮物。

就這樣，他決定寫下自己從心愛的狗上學習到的肯定語。我們認為，不僅是荷馬，這些肯定語對我們所有人也是適用的。

荷馬教會我的功課

1. 我會活在當下

當下是最重要的，而狗是教導我們活在當下最完美的老師。每天早上荷馬總是做好準備，充滿渴望地跳下床來展開牠的一天。牠從不會心懷怨恨或停留在過去；牠會開心地迎接每一刻，就像是遇見失散已久的朋友一樣。

2. 每件事，我都當作是第一次

荷馬對每一餐、每個零食、每次的散步和每個人，都展現滿滿的活力、興奮和喜悅。牠的能量和熱情極具感染力，遇見每件事都是一種慶祝，對生活有強烈的渴望。

3. 我要我想要的。

荷馬是心想事成的大師。牠會坐著、看著、搖尾巴、流口水……用盡各種辦法得到牠想要的，而且從來沒失敗過。牠的堅持與韌性非常驚人，最後人們總是不得不讓步，給牠零食、拍拍牠或是陪牠玩球。

4. 我給出、接受無條件的愛

給出愛、接受愛，讓自己成為愛的傳導線。雖然荷馬跟其他狗在一起很開心，但牠真的很愛人類。牠的生活就是對著人又聞又嗅。外出散步時，陌生人過來拍拍牠是牠最開心的事。

5. 不評判他人或自己

別評判自己或他人。大多數的時候，荷馬就像真正的禪宗大師，貼心、隨和又輕鬆。牠如實接受每個人，從未想要改變任何人。

許多人相信，人死的時候，會與先前過世的人或寵物再次團聚。我們接受這樣的想法：死亡是進入圓滿，而不是走進空虛。換句話說，我們離開人世時，將會是「人滿為患」的場面，因我們一直朝思暮想的那些人，會再次圍繞在我們的身邊。

讓我們想像寵物也與我們團聚的畫面：我們再次看到牠們的臉、看見牠們搖尾巴、聽見牠們的吠叫聲、喵叫聲、啁啾聲、馬嘶聲或呼嚕聲，舉目所望，盡是牠們可愛的一面。如此一來，我們死的時候，會是多麼溫馨的場面！

我珍惜寵物留給我的所有禮物。

我感謝我們共處的所有時光。

我的愛會永遠陪伴在我心愛的寵物身邊。

/第六章/ 有人失落，有人愛

Other Loves, Other Losses

——人生像部電影，你無法掌控劇情，不會因為出人意表的情節大呼小叫，對你的人生大戲也該如此。你只需感受、為所失傷痛，別為事情增添負面性。你會發現傷痛具神奇的力量，撫慰你所有的失落。

除了分手、離婚和死亡外，還有其他許多類型的失落，其中有一些會比其他的更顯而易見。這當中，有一些我們可以很容易看得出來，例如：流產或失業所導致的痛苦；另外有一些可能就不那麼明顯了，例如：沒有得到理想中的事業、夥伴或身材。我們會為失去的東西傷痛，但有時候我們也必須為某些從未存在過、或將來永遠不會存在的東西傷痛。

對許多人來說，這些失落會一直如影隨形，而且不論是哪種類型的傷痛，其實都值得我們去檢視及療癒。舉例來說，我們會將流產之類的失落攤在陽光下，因我們知道這件大事可是如假包換的失落，當然值得我們花時間來療癒；但是那些很難看得出來的失落，則往往會停留在人生的「背景」裡，從而造成接二連三的不幸。

然而，當你讓傷痛的療癒力量運作，一些很難看得出來的失落便會開始無所遁形。此時，我們就用光明來照亮它們，讓深層的療癒發生吧。

不孕症與流產

人生有某些事物，往往都被我們視為理所當然。舉例來說，小女孩拿著洋娃娃扮家家酒時，總以為自己長大後，想要有孩子就可以有孩子。她們從未想過，自己的生理時鐘可能會慢下來，導致不孕或無法受孕成功；她們也不知道這世上有些人為此感到多大的羞恥與遺憾。一個想要孩子但無法受孕的女人，可能會覺得她沒完成身為女性的天職，或是覺得自己讓丈夫失望了。她可能完全沒預料到，自己會遭逢生兒育女的願望落空所帶來的傷痛。

珍妮從很小的時候就知道，有一天她會成為很棒的母親。多年以後，她認識了一位很棒的男士唐納。交往期間，他們就曾彼此探問過，「你會想要小孩嗎？」結果發現，他們兩人都很想組織一個家庭。

結婚數年後，珍妮和唐納決定要開始生小孩的計畫，三個月後，珍妮很訝異自己竟然沒能成功懷孕，於是，她打算再給自己多幾個月的時間，倘若還是沒有懷孕，她就去看醫師。幾個月的時間很快就又過去了，還是沒能如願，她決定跟醫生預約看診，不過她沒告訴唐納這件事。

醫生為她做了一些檢查，結果令人非常氣餒。珍妮告訴唐納這件事後，他也去接受檢查，但檢查的結果一切正常。於是珍妮決定接受不孕症的治療，與此同時，她的潛意識也開始出現負面的自我對話。「我有缺陷」、「我身體出了問題」這類的話語浮現在她的心坎裡，就像糟糕透頂的背景音樂一樣。這整件事似乎對她的丈夫不構成煩惱，但珍妮卻非常耿耿於懷。

一個月後的三月四日是她的生日。唐納送給她一隻刻有生日日期的美麗戒指，但後來發現，戒指上的日期刻反了，三月四日刻成四月三日。珍妮很喜歡這只戒指，打算拿回去修改日期，但這件事她一直沒能完成，因接下來發生了更重要的事。

她，懷孕了！當她發現時整個人激動不已。她的人生終於又明朗起來，他們即將有自己的孩子了。但天不從人願，很不幸的，最後她流產了。彷彿青天霹靂般，她既震驚又難過，整個心都碎了，只留下滿滿的哀傷。唐納為她加油打氣，並且告訴她，他們隨時都可以認養孩子。這對夫妻，唐納算是樂觀主義者，因他的人生哲學就是「人生永遠有其他的選擇」。

珍妮當時並不了解這一點，況且她還有許多的人生功課。她的母親出於直覺，向她道出了這一點：「你需要一些時間，讓自己完全真正走過流產的傷痛。」處於絕望狀態的珍妮，知道母親說的話是對的。在求子的過程中，她遭遇到的不僅是醫療技術上的挫敗，同時她還必需療癒失落的傷痛。

珍妮在感受這哀傷時，她告訴自己：

我看見流產這件事也有可貴之處。

一切事物要如何發生都是注定好的。

對於認養孩子一事，唐納仍然保持開放的態度，但珍妮還沒準備好，她需要多多聆聽自己內在對話的內容：我的身體毀了，我無法成為真正的母親。她愈是聽自己內心的話語，就愈覺察到自己扭曲的思維，以及一直以來，她對自己說出多麼殘酷的話，後來她終於了解，她必需立刻改變自己的思維，並開始說這些肯定語：

我寬恕我的身體。

我的身體在盡它的天職。

我的身體一切安好。

我的身體將我帶向完美的情境，使相關的一切都能得到最高的利益。

關於渴望為人母方面，她說：

我值得成為人母。

一個人是不是真正的母親，取決於她是否有愛的能力。

不到一年的時間，珍妮已能平靜看待一切，她與唐納也開始進行認養孩子事宜。後來他們抱回一個名叫戴安娜的小女孩。令他們訝異的是，戴安娜的生日是四月三日，剛好是珍妮一直戴在手上、還未拿去修改的那只戒指上的日期。珍妮現在覺得，戴安娜的出現簡直就是奇蹟。

珍妮了解到，要是當初她的祈禱得到回應，或是生下了自己的孩子，那麼她就遇不到這個美妙的生命，亦即她現在的女兒。如同她說的：「現在我明白，原來我命中注定要遇見戴安娜，就像不孕症也是早就注定好的。」她認清了為人母的真正本質，以及寬恕自己的身體的重要性，同時她也知道自己必須走過傷痛的過程。

珍妮的故事有了幸福的結局。她學到的功課之一是，她必須認清自己的傷痛，並發現這其中也有可貴之處。要是換成另一個人不孕又流產，可能就無法完整走過那種傷痛的過程。即使是當事人最親近的人，例如她的丈夫或父母，可能也無法理解這種失落對當事人所造成的巨大衝擊。局外人不可能了解這位母親遭受多大的痛苦，就如同她不可能知道自己這輩子命中注定要愛誰一樣；也許是她自己親生的孩子，或者如珍妮的例子一樣，是她認養來的孩子。

許多女性說，到了更年期，傷痛便會開始浮現，例如：她們永遠無法再生一個孩子（或甚至更多的孩子）。有些女人則是錯誤地認為，他們的女性特質已經開始消退。其實，不論你的人生發生什麼樣的變化，你都務必向內檢視、看見這一失落其實也有可貴之處，並全然地感受自己的傷痛，而不將負面的思維加諸其上。此時，可以考慮運用這些肯定語：

隨著身體的改變，我的女性特質也隨之擴展。

我的人生是一趟不可思議的「愛與學習」的旅程。

你終究會知道這一真相：真正的你，是超越在這些人生境遇之上的；你的真實本體，也遠比這個身體崇高廣大。此生不論有無子女，你都是神奇的存在。不論是養兒育女的那些日子，或是子女長大成人後的人生，你同樣都是不可思議的。

每天，我都變成更神奇、更美麗的女人。

工作的失落

說到失落的種類，對許多人而言，工作的失落是特別重要的一種。也許這並不令人感到意外，因我們生活在一個分不清楚「做」（doing）與「是」（being）的世界。換句話說，我們「做」什麼，會被錯誤解釋成我們「是」什麼。初次見面時，通常我們問彼此的第一個問題就是：「您從事什麼工作？」由於我們的工作被附加太多的價值，一旦沒了工作，我們便會開始產生疑惑：那我現在又是什麼？

二〇〇八年的某個早晨，丹尼一如往常在醫療器材公司的辦公室回覆客戶的電話。他待在這家公司三十年了，平常工作上會碰到的問題，他都已處理得駕輕就熟；工作上的一切他也已經熟門熟路，辦公室宛如他第二個家。

當天下午，丹尼與老闆凱斯開例行月會。他拿著檔案進來時，發現人事部門主管琳達就坐在凱斯的旁邊，接著，凱斯起身說：「我先出去一下，讓你們單獨談談。」丹尼不覺有異，因這些年來他與人事部門也一起討論過員工的種種問題；今天他只是納悶，到底又是誰做了什麼事。

但出乎他意料之外，琳達說：「這次的會議可不輕鬆，丹尼。」

糟了，他想，我的手下一定闖了什麼大禍。

他還沒完全準備好，就聽見她說：「很抱歉，我們必須讓你離開。公司整併後，執行長和執行團隊認為我們的人才已足夠，你的部門變成是多餘的。」

丹尼愣坐在那裡，她繼續說道：「你可以再上班兩個星期，之後我們會給你三個月的遣散費。」

「這件事確定了嗎？」丹尼問，「我能不能跟凱斯談一下？或許他會改變主意也說不定。」

琳達握住他的手說：「我們都知道，一旦他作出決定，誰也改變不了。你就接受吧，丹尼。」

接下來的兩星期，丹尼開車走在這條已經走了三十年老路，心想，再過幾天，我就不用再走這條路了。上班的最後一天，他在打包自己物品之際，望著再熟悉不過的空間，知道自己再也回不來了。誰能想到，不過一個往常的休假時間長度，他就要揮別這工作三十年的地方。

所幸，他的妻子瑪莉莎多年來一直都在練習肯定語。她勸他要接受工作的失落，但別接受這件事的負面信念。他們把焦點放在正向的一面，並運用以下的肯定語：

我的才華與能力是被需要的。

一切都很好。

我是安全的。

「我們必需仔細觀察內心的想法和說出來的話，」瑪莉莎告訴他，「但這需要下很大的工夫，因我們的父母都經歷過經濟大蕭條，我們深受他們『凡事先往壞處想』的信念所影響。」

他們夫妻倆互相幫助彼此保持正向的信念。每當有親友出於善意或同情丹尼的處境說：「現在就業市場的狀況很糟啊！」他都會心平氣和地回答，「但我們選擇不這麼想。」

丹尼和瑪莉莎真的接受了失業的事實及其傷痛，同時也堅決拒絕相信這是一個貧窮與匱乏的世界。相反的，他們肯定了：

這個宇宙既豐盛又慷慨。

丹尼勇敢而優雅地面對他的痛苦、感受自己的傷痛。當他敞開自己接受新的機會時，不但他的憂慮和恐慌明顯消失了，而且新的機會也很快地出現。失業不到兩週，他就在某家知名企業找到約聘的工作，最後還獲得永久的聘任。

被解雇時，我們最常聽到的一句話就是，這不是你的問題。對老闆而言當然是如此；但對身為員工的你來說，這件事絕對跟你有關，因你心裡會不斷地想：以前你對公司而言是多麼地重要，但很現實的，現在他們說，公司即使沒有你也沒有差別。難怪被解雇的人，往往都會感到自己沒有價值。

當你在工作上真的覺得有事針對你而來，此時要記住，療癒才是你該做的事。你不妨這樣告訴自己：

我是有價值的。

別忘了，你純粹是站在你「是」什麼的立場來說這句肯定語，而不是你「做」什麼。因此，你也要記得這句話：

我的價值超越任何工作。

在處理工作的失落的過程中，「接受」（亦即平靜地面對事情發生就是發生了的事實）可能是最難的部分。雖然你無法改變已發生的事實，但你可以用正向、有益的態度來接受它，並走過失落的傷痛。

許多人都誤以為所謂的「接受」，就是去喜歡已經發生的事，或是讓自己覺得發生這種事沒什麼大不了。然而事實上，它真正的意思是承認失落已經發生的事實，如此一來，你才能從「本來不該發生」的階段（否認），走到「它確實發生」的階段（接受）。

從某方面來說，失去工作就像是突然接到死亡的噩耗，感覺彷彿遭到背叛，然而如同我們討論過的其他失落一樣，此時最重要的，就是去注意你的內心說什麼。如果它告訴你的是，我現在什麼也不是了、我在這世上根本無足輕重、我一無是處，再也無關緊要，那麼它們就是你不該再繼續重複的負面信念。你必需接受的是失落的事實，而不是接受這些負面的信念。最後，你必須了解，這些事情其實是為了你的最大利益才發生的。若想了解事情背後的真相，可以試試以下的肯定語：

一切事的發生，都是為了我的最大利益。

接受真實的自己

當你練習接受自己的處境及這世界本身的同時，你也必須將焦點轉向內在，並願意接受真實的自己。如果你抱持的某些面向、理想或他人對你的期待是無益於你的，那麼你就該敞開自己來放下、療癒它們。

肯尼斯回顧他的愛情經歷。他認為，一旦你真正愛上某個人，你的心終究會遍體鱗傷。他知道，大多數人都不曾被教導過如何去愛，尤其是同性戀者。

在過去，同性戀的男女並沒有太多的社會典範。如今，我們看見有人以身為同性戀者為榮；有人對自己的膚色感到自在或驕傲。我們實在很難回想起，他們曾有多年的時間不被人接受，在社會上抬不起頭來。

如同肯尼斯說的，「我的內心有許多的創傷，它們源自於我對自己真實面貌的不安全感，以及我所愛對象性別的羞恥感。」

曾經有好幾年的時間，肯尼斯試著想要成為父母所期待的人，然而卻也渴望顯露真實的自己。由於家人和社會帶給同性戀者極大的壓力，要求他們要成為某種人，因此有些同性戀者在這方面會出現更大的挑戰。許多人並不是很清楚，有些同性戀者必須用別人認為「應該」的方式來表現他們的傷痛。

儘管肯尼斯盡了最大的努力，還是無法符合他父母的期待。由於當時同性戀者缺乏良好的社會典範，在他二十多歲到三十多歲之間，經歷了一連串不對等的情感關係。有時是伴侶很愛他，但他沒有報以同等的愛；有時是他深愛著對方，但對方沒有回報同等的感情。他也曾談過多次遠距離的戀愛，但他現在明白，那不過是另一種逃避真正的親密的方式，因為只要彼此相隔兩地，他就不必真正投入這段感情而變得容易受傷。

然而這一切卻導致他一次又一次地受傷。到了四十歲出頭，他開始找治療師解決問題。在某次治療的過程中，他對當時交往的對象傑瑞特別感到心碎，因他的感情又再次得不到應有的回報。治療師建議肯尼斯試著將他的感受畫出來。

畫出我的感受？那看起來會是什麼樣子？肯尼斯心裡想。最後他決定敞開自己試試看。首先他畫的是自己破碎的心。那是一顆愛心，但有裂痕，其中一邊破了個大洞；另一邊則是缺了一大塊，那一塊掉在底部完全粉碎。當他看見這所有的苦楚與傷痛，他哭了。

肯尼斯把畫拿給治療師看時，她指著其中一個地方提問：「這個切口是什麼？」她要求他寫下每個裂痕所代表的意義、是誰傷害了他、以及這些事是如何發生。

這練習並不輕鬆，肯尼斯看見自己的心由於沒得到足夠的愛，因而感到痛苦、受傷、疲憊和枯萎。「我需要更多的愛，」他說。

治療師指出，對他來說，似乎整個問題只在於他是個同性戀者，然而真正的問題卻是他不夠愛自己、以及他不想在感情中變得容易受傷。事實上，即使他是個異性戀者，同樣的問題還是存在。

隨著肯尼斯繼續接受治療師的療癒，他漸漸了解，說出自己的傷痛其實就是在填補愛心的裂痕。「透過慈悲地看待自己的過去，並在過往的經歷中發現值得感恩之事，我的心得到了療癒。」

隨著他的心聲吐露得愈多、哭得愈多，他之後所畫的內容也愈開始變得愈有生命力。他的畫出現新的質地，愛心的裂痕也被填補起來，變得更加肯定人生。肯尼斯覺得他與自己的靈性層面有了連結，並且了解，他的心其實可以不斷地浴火重生。這一了解使他變得輕鬆自在，他說：

我疲憊的心碎裂得如此美麗，使我瞥見心中那不變且圓滿的靈性。

肯尼斯走過傷痛，並且捨棄了他永遠找不到愛他的人的錯誤信念，這就是療癒。現在他認為，既然這一生他可以愛許多人，那麼何不花點時間愛自己，把自己看成是理想中的伴侶？於是他運用了以下的肯定語：

我與自己處在一種圓滿又充滿愛的關係中。

不論是單獨徒步旅行、享受按摩或買花給自己，他都輕鬆地與自己處在良好的關係狀態。「我變得更懂得體諒人、待人也更加寬容，」他說，「這就是我的看法，因為我知道，如果我想擁有充滿愛的伴侶，就得先讓自己的內心充滿愛。」

肯尼斯終於在丹恩的身上找到那樣的關係。直到今天，他仍持續練習以下這些他最喜歡的肯定語：

我過著平衡的生活。

在感情中，我付出愛，也接受愛。

今天，儘管肯尼斯仍有許多人生功課及思維模式需要突破，但已比以前更勇於冒險。例如之前他曾告訴丹恩：「我會讓你心碎的。」

丹恩有點愣住，繼而問道：「你的意思是？」

「一旦兩個人相愛，」肯尼斯說，「他們終究會令彼此心碎的。」

「我並不那麼想，」丹恩說，「我相信，如果我們相愛，我們會令彼此的心大大敞開，因愛會敲開我們心中封閉之處。」

肯尼斯沒想到丹恩會這樣回答，因他從未有過這樣的觀點。這也讓他了解，自己仍舊處於負面的想法中，而這一發現也是這段關係帶給他的眾多禮物之一。現在他必須用不同的眼光來看待事物，並用光明照亮自己的某些問題。丹恩的回答並非屬於創傷的反映，而是一種我們能創造出來的開放性：一種更充滿愛的觀點、及更正向的愛的信念。他們的關係至今依然濃情蜜意，並繼續打開彼此的心房、療癒彼此的心。

肯尼斯的問題圍繞在他的同性戀身分及不愛自己，但許多人卻是因為自己沒成為心目中應該成為的人而傷痛。例如有些男人會因沒練成理想中的六塊腹肌而傷痛；許多女人必須放下自己對此生已然無望的「比基尼身材」的執著；其他人則可能希望自己高一點、矮一點，或甚至希望自己是其他的人種。最後，我們都必須走過這些「但願我們是」的傷痛，並接受真正的事實，走向幸福的人生。

我們再用一點時間來檢視這一類型的傷痛。

為從未存在過的事物傷痛

我們大部分人都知道失去摯愛的人或寵物的感受，但除此之外，其實還有其他類型的傷痛，這當然也包括失去我們想像中的生活。以下就是一個完美的例子：

唐妮為治療自己的癌症做了許多努力，其中包括西方醫學和輔助療法，但現在她卻在某個支持團體中分享過程中提及，儘管她的癌症痊癒了，但她仍感到無比的哀傷。「我的治療結果非常好，但為何我還會感到如此的哀傷？」她問。

雖然她已完成癌症的治療，但她卻沒花時間讓自己走過傷痛。關於癌症，她還需要傷痛什麼嗎？多得很。她曾經期許自己這一生都不會得到癌症，但這件事已不可能成為事實，因此唐妮需要為這一失落表達她的哀傷。以下是一些有幫助的肯定語：

我完全允許自己哀傷。

一切的體驗都會使我更堅強。

有些癌症患者發現，同時複誦治療及傷痛的肯定語對自己很有幫助。儘管他們之前所認知的「正常」已不復存在，但他們可以重新找到新的「正常」：

儘管我失去了我原以為能夠擁有的人生，但我願看見這一失落的可貴之處，並擁

抱眼前的新人生。

就如同我們許多人一樣，唐妮以前一直認為自己的身體百害不侵，壞事絕不會發生在她的身上，然而最後病魔還是找上了她。此時，她可以這樣說：

我為自己的健康負責，但我不因生病而責備自己。

唐妮很生氣，因她原以為就算壞事要發生，自己的身體也會預先發出警訊，結果病前身體卻完全沒有出現任何蛛絲馬跡，為此，她必需寬恕身體的「背叛」：

我原諒我的身體。

我愛我的身體。

放下不健康、不切實際的理想

理想伴侶的想像，也可能導致傷痛。也許你一直過度專注在等待「對的人」來分享你的人生，於是有一天醒來，你卻發現人生就這樣過去了。這可能會引發你的哀傷與沮喪，但你很難搞清楚其中的原因，因為你不知道自己的沮喪其實就是某種形式的傷痛；你必需為那從未出現過的人或生活哀悼。好消息是，只要你願意花時間走過失落的傷痛（也許這是你第一次這樣做），最後便能完全活在當下。

黛德赫在療癒傷痛的工作坊中說：「當我終於認清自己的感受時，我忍不住流淚了；原來『他』沒出現，造成我很深的哀傷。隨著淚水，我感到如釋重負，因我知道自己的追尋已經結束。從今以後，就是我自己的人生了。」

你的完美伴侶可能出現、也可能不會出現，但那並不重要，因為只要你接受事實並全然活出自己的人生，就會發現新的自由。

未達成理想中的事業成就，可能是另一種你必需處理的傷痛類型。也許你認為自己應該成為知名的舞者、普立茲獎作家或電影明星……但它從未實現。當然，這感覺起來像是個壞消息，但你必須接受自己的命運，並欣賞自己的人生。你可以因為事業沒有重大突破而把時間耗在煩惱上（這會令你每天都過得很悲慘），但你也可以因為了解事業不過是你自我展現的另一個面向，從而選擇不論觀眾多寡，你都可以跳舞；即使作品只在自己的寫作社團發表，你也可以樂在其中；就算家裡的壁爐架上沒有奧斯卡金像獎，你也能享受表演的樂趣。

看電影時，當劇情發生巨大的轉折，你並不會因為它出乎你的意料之外，就起身對著電影螢幕大呼小叫，對於自己無形的傷痛也是同樣的情形。你的人生就像是一部不斷上演的電影，而且它的劇情是你無法掌控的。如同你不會在電影播放的過程中起身對著電影螢幕揮拳一樣，你也別在自己的人生大戲上演中途，起身盲目地對發生的事情大呼小叫。你只需感受它們、為失去之物傷痛，但別為這些事情增添了負面性。你終究會發現，傷痛具有神奇的力量，它能撫慰你所有的失落。

人的關係與執著有許多不同的類型。同樣的，人的失落也有許多不同的類型。當你開始認清失落的事實（也唯有如此），你才能展開療癒的過程。本章的探討涵蓋了各種有形及無形的失落，但你可能認為還有其他的失落我們沒有提及，然而不論是哪一種失落，它永遠值得我們關注。

所有的失落都應該得到療癒。

傷痛會療癒我所有的失落。

不論你的失落是外在世界發生的事，或是未能如願以償的期待，它們永遠都可以被療癒。這其中隱藏著生命的禮物：一旦你全然地感受、療癒你的傷痛，並放下所有的期待，你就會發現自己第一次真正活在當下。

/第七章/ 你能療癒你的心

You Can Heal Your Heart

——生命自有意義也充滿曲折變化，帶來永不希望發生的改變和挑戰，但只要允許自己去感受改變的痛苦、接受失落並走過傷痛，當會明白生命的真相在於無論發生什麼事，你都能療癒自己的心。

這最後一章要提醒你，療癒永遠是人生的走向，因我們每個人都有不健全的地方亟需得到承認和療癒；它們可能表現為評判、背叛、分手，或我們面對的無數挑戰中的一個。

生命是愛你的，因此只要保持開放和願心，你就能得到療癒。遭逢失落時，敞開自己，讓智慧流露才是正確的作法，否則生命還是會繼續帶給你該療癒的功課。也許你會錯將這些功課視為一種懲罰，但它們其實不過是人生的一種體驗罷了。

放下評判與怨恨

潘妮在好萊塢工作已有三年，並深信自己有朝一日能成為大人物。她來自愛荷華州的一個小鎮，二十三歲時搬到加州學習表演。雖然她偶爾有機會演出一些小角色，但演藝事業仍有待重大的突破。

她的朋友辛蒂幫她找到一個外燴的工作。這工作非常適合她，因若有演出大角色的機會，她可以不必辭去工作；或是有廣告片要拍時，她只要請一星期的假即可。外燴的工作也使她開了眼界：一窺他人的生活。她甚至也為一些電影明星舉辦餐宴。她總是跟別人說，她和辛蒂辦過伊莉莎白・泰勒的餐宴，以及伊莉莎白對每個人有多好。辛蒂下定決心，有朝一日功成名就，她也要像伊莉莎白・泰勒一樣親切地對待每個人。

外燴的工作也使潘妮接觸到某些千萬富翁，或甚至是億萬富翁。某天晚上，潘妮和辛蒂為一個名叫格羅斯曼的家族籌辦外燴。她不知道他們的財富從何而來，但顯然不是從事演藝或藝術方面的事業。

他們家的客廳大到可以讓一架飛機降落，裡頭甚至還有瀑布，房間和盥洗室也多到數不清。辛蒂說：「我們倆一輩子賺的錢，大概也買不起擺在這兒的藝術品。」但潘妮卻不以為然，認為這些財富實在令人厭惡。整個晚上她的看法都是負面的，而且很開心當天的工作終於結束了。

後來，潘妮有機會在當紅的情境喜劇中扮演女服務生。她興奮得不得了，儘管只有兩句台詞（「請問您要點什麼餐？今天的主廚沙拉很不錯喲！」），但她卻為此練習了好幾天。她會試著用嚴肅的語氣、輕鬆的語氣，甚至還會用南方的口音練台詞。

她的演出表現得還不錯，但演好兩句台詞的女服務生，並不等同於演藝事業獲得了成功。接下來的十年，她陸續演過隔壁鄰居、店員、女服務生和女僕人等角色，但這段時間她始終是靠籌辦外燴的穩定收入來養活自己。辛蒂後來放棄外燴和演戲的工作，改行從事房地產，但她們仍維持著好友的關係。

隨著潘妮的年紀愈來愈大，不得不與其他年輕的女演員競爭。她想，如果自己的胸部大一點，或許會有較好的競爭優勢，於是她就開始為豐胸手術存錢。她預約掛號別人推薦的一位醫生，他先為她進行胸部檢查，只是原本說話令人感到很放心又充滿自信的醫生，忽然間語氣變得嚴肅。

「你知道自己的胸部有硬塊嗎？」他問，「你摸摸看這裡。這硬塊有多久了？」

潘妮摸到硬塊時，她己也愣住了。「不知道耶，」她說，「我不曉得自己怎麼都沒注意到。」

「這就是腫瘤危險的地方，它們很難被發現。」

當醫生告訴她一定要去看腫瘤科時，潘妮說她沒有健康保險。

「無論如何都要打電話預約看診，」他說，「沒有健康保險的事可以跟他們說，他們有許多方案可以幫你減輕負擔。」

她打電話去預約，並告知服務人員自己沒有保險。對方告訴她，醫生每個星期二會在格羅斯曼診所看診。

當潘妮得知那家診所有許多方案可以幫她負擔醫療費用時，這才終於鬆了一口氣，只是緊接在後的消息卻令潘妮幾近崩潰：她得了乳癌，必需切除乳房。震驚之餘，她更擔憂如何支付醫療費用，直到得知同一家癌症基金會也將協助負擔後，潘妮才感到如釋重負。

儘管現實面的問題已獲得解決，但潘妮有時候還是會陷入持續性的嚴重沮喪。即使後來發現，該基金會也會幫她負擔乳房重建的費用，但潘妮還是無法走出憂鬱。她終於知道許多癌症患者所了解的事：你必須為如今已不復存在的人生表達傷痛，因為「一生從未得過癌症」的人生已不可能，你將有不一樣的新人生。這個新人生也許完全出乎你的意料之外，但它仍然可以是精彩的人生。

我們有很多人往往會忘記用時間來哀悼這種失落。對某些人來說，這是一種清白的失落或健康的失落；對其他人來說，這使他們領悟到：人生的不如意可能發生、並且真的發生了。如同許多人一樣，潘妮知道自己還有很長的人生，但她必須先讓自己走過傷痛。

手術後的第二天，潘妮的瑜伽老師到癌症中心探望她，並跟她談到這些觀念。她說：「潘妮，你必須全然地為過去的人生表達傷痛，並擁抱未來的新人生。此時是重要的過渡期，你應該放下自己的怨恨、低層次的想法和評判。試著寬恕，讓自己一塵不染地進入新的人生。」

「我沒有什麼評判和怨恨呀。」

瑜伽老師充滿智慧地回答：「那太好了！跟宇宙說你沒有什麼評判和怨恨，反而可以讓那些必須療癒的東西浮出檯面。你願意這樣做，實在太棒了！」

但潘妮很納悶，因她不知道自己有什麼樣的評判，也不知道自己必需學習哪些功課。隔天，辛蒂到癌症中心接她出院，並協助她在家靜養。辛蒂在病房打包潘妮的東西時，她說：「當初你那麼討厭格羅斯曼家族，但他們後來成立的基金會和診所卻救了你一命，你不覺得這很諷刺嗎？」

潘妮愣住了，因她從未將那富可敵國的家族與這家癌症中心聯想在一起。「噢，天啊，辛蒂！我怎麼沒想到它們的關係？當時還年輕的我，從未想過他們會捐錢做慈善，或以某種方式分享他們的財富。現在我終於明白，當時除了電影明星外，其他每個人都受到我的評判。」

事實上，這是潘妮新的開始，許多像這類必需療癒的東西也逐一浮出檯面。

我們時常忘記，傷痛是我們面對改變的方法，而生病也意味著改變。以下是一些強而有力的肯定語：

世上有些美好的事是你看不見的。
我願接受生命為我準備的任何功課。

發現失去之後的意義

如同先前討論過的，羅斯女士發現傷痛有五個階段：否認、憤怒、討價還價、沮喪和接受，而後來「接受後發現其意義」又被認為是第六個階段。有時候，當我們全然地感受自己的傷痛，就會發現伴隨療癒而來的深刻意義。

我們想到蓋兒·包登的例子，她的兒子布萊登是天生的脊柱裂患者。蓋兒決心要讓她的兒子擁有美好的人生，因此布萊登長大成為非常樂觀的孩子。他特別喜愛黃色，後來還因此培養出蒐集福斯金龜車玩具的興趣。

在布萊登十七歲的某一天，蓋兒進入他的房間，發現他不省人事，立即將他送往醫院。急救後，醫生告訴她令人難過的消息，她的兒子永遠不會醒過來了。她問他們是否真的已完全無能為力？得到肯定的答案後，她向護士要了紙筆，寫上：「當那一刻來臨，我們願意捐出他的器官。」讀完紙條上的字，護士注視著蓋兒。護士拉起她的手，告訴她現在不必談這些，但蓋兒回答說：「這些話我可能永遠說不出口，所以我希望你們能幫我完成它。」

蓋兒心裡想，想不到這種事真的發生了；既然布萊登的性命已無法挽回，就讓他拯救其他人的命吧。她進去手術房看他們幫布萊登拔管（撤除維生系統），並唱著聖歌〈奇異恩典〉（Amazing Grace）直到他的心跳停止。蓋兒盡了最大的力量來面對喪子之痛，並繼續對未來保持樂觀和希望。那陣子有幾天是陽光普照的日子，布萊登在學校的一位朋友告訴她，當陽光照耀時，他知道那是布萊登在天上對他們微笑。

過了幾年，蓋兒跟她另一個兒子布萊恩搬入新公寓，隨後，兒子就去參加新兵訓練。正當蓋兒坐在家中拆箱整理，突然聽見有人敲門，門口的男人解釋說，他叫肯恩，是來粉刷油漆的。原來她請了工人下週到新家，將牆面漆成黃色。

「你來早了，那是下星期的事，」蓋兒告訴他。

「這邊有個任務取消了，所以公司就叫我過來這裡，」肯恩回答。

「是這樣子呀，」蓋兒說，「我所有的東西都還在箱子裡呢。本來想把東西先整理好再粉刷。現在你既然來了，那就開始吧。」

於是肯恩開始粉刷油漆，蓋兒則是繼續拆她的箱子，此時肯恩問她是否一個人獨居。她回答：「還有我的兒子布萊恩，他加入空軍國民警衛預備隊，現在正接受新兵訓練中。」

「他不在時，有人陪你嗎？你還有其他孩子嗎？」

蓋兒以前就處理過這種尷尬的問題。有時候，她會鉅細靡遺地把布萊登的事講給對方聽，有些時候，她會乾脆說：「就只有我和布萊恩。」但這次問題來得太突然，她整個人都愣住了，心裡想該怎樣回答。最後她說：「我還有一個兒子布萊登，但他十七歲就過世了。」

「我真是白癡，」肯恩說。「老是說錯話。實在很抱歉。」

「沒事的，」她說，於是他繼續粉刷油漆。幾分鐘後，肯恩說：「關於你孩子的事我很遺憾，但我知道生重病的那種感覺。我以前洗過腎，四年前還差點死掉，後來接受腎臟移植才撿回一條命。」

「你是哪時候接受移植的？」

「二〇〇八年。」肯恩回答。

「二〇〇八年的哪個時候？」

「二月。」

「二月幾號？」

「二月十三日。」他說。「我永遠忘不了那一天。」

「布萊登過世那天是二月十二日。」

「噢，不，那不一樣。」肯恩急忙地說，「我的捐贈者是一位死於車禍的二十一歲年輕人。」

「喔。」蓋兒說，接著她又繼續拆箱整理東西，而肯恩則繼續粉刷油漆。

又過了一會兒，蓋兒必需出門辦點事，家裡只剩肯恩一個人，還有一面已經塗成黃色的牆。當她回到家的時候，發現肯恩站在原地，沒再繼續粉刷油漆。

「有什麼問題嗎？」蓋兒問。

「我沒說實話。」

「你不是來粉刷油漆的？」

「不，我不是指那個。我要說的是，我的腎臟真的是布萊登的。」

「你說什麼？」

「其實在你告訴我你叫蓋兒、你的孩子叫布萊登的當下，我就知道我曾在接受移植後看過你的留言。當時他們告訴我，我可以寫信回覆你，但我並沒這樣做，我感到非常的慚愧。」

一臉訝異的蓋兒立刻拿起電話打到器官移植中心，詢問諮詢師，「我請了一位油漆工人，他說他的腎臟是布萊登捐贈的。要怎樣才能確認這件事？」

對方說：「哇，發生這種事的機率幾乎是零，不過你還是給我他的名字好了。」

蓋兒問了肯恩的全名，然後告訴諮詢師。諮商師打開保密檔案，確認肯恩真的接受過布萊登的腎臟捐贈。蓋兒開始哭了起來，油漆工人說：「我的腎臟真的是他的，對吧？」

布萊恩從新兵訓練中心打電話回家後得知這件事。他說：「媽，這好像布萊登回家了。」

這故事是說明宇宙運作的好例子。生命是愛我們的，我們對這句肯定語深信不疑，儘管你可能還不曉得如何在失落之時應用它。但如先前所說，這句話並非意謂你不會遭逢失落，而是生命會根據你對失落抱持的感受與想法來予以支持，甚至會保護你安然度過最大的難關。

舉例來說，蓋兒在面對喪子之痛的過程中，她接受了眼前的悲劇，並堅信布萊登會繼續活著。反觀我們，當摯愛的人過世，有多少人會認為他們會繼續存在？我們必須記住，生命不死，靈魂也是不死的。以布萊登為例，他有一部分的身體還活著；蓋兒的決定救了其他人的生命，並讓布萊登繼續活了下來。因布萊登而重見光明的人有二位；因布萊登而能行動、減少疼痛的人有八位。這對蓋兒來說是更令人振奮的事，因為布萊登在世的時間都是坐在輪椅上的！

蓋兒後來認識了肯恩的妻子和孩子，才得知當時肯恩生命垂危時，他的孩子是多麼需要他。他們當面對她表達莫大的感激，因他們家曾經一度瀕臨破碎又重新燃起希望；布萊登不僅救了肯恩的性命，也對肯恩妻兒的人生造成重大的影響。

也許你會認為，這可能是蓋兒住的城鎮很小，所以肯恩能成為她的油漆工只不過是巧合。但請想想看：如果蓋兒選擇自己動手粉刷油漆，那麼她就永遠不會認識肯恩；或是蓋兒聘請別家公司；又或者肯恩按照原先預定的時間，沒有提前到蓋兒家，那時蓋兒早已處理好箱子，他們也就不會有談話的機會。

你可能還是會說，好吧，這只是一連串的巧合。

事實的真相是，蓋兒住在紐約的水牛城，而當地有一萬八千名的油漆工！她選到肯恩的機率只有百分之零點零零六。由此可知，即使我們遭逢失落，但只要我們願意敞開，生命還是會帶給我們意想不到的禮物。

蓋兒接受了自己的失落，這有助於她走過傷痛並發現布萊登的生與死的深刻意義。她的療癒旅程也幫助她決定如何度過餘生，並讓布萊登的生命繼續發光。

生命有它自己本身的意義。它的結果往往並不符合你的期待，因生命有它自己的節奏，充滿了曲折與變化，經常擾動你內心的平靜。儘管生命會帶給你那些你永遠不希望發生的改變和挑戰，但只要你允許自己去感受這些改變的痛苦、接受失落並走過傷痛，你就會明白生命的真相：無論發生什麼事，你都能療癒你的心。

跋

——傷痛關乎心與靈魂。為你的失落傷痛吧！讓傷痛進入你，用時間與傷痛共處。

從失落中受益或發現意義，這種概念似乎很矛盾。不論是分手、離婚或甚至是死亡，其中都有更多的東西有待你去發現，這完全取決於你對它們抱持什麼樣的想法。你無法阻止失落的發生，但你的想法卻可以扭轉伴隨失落而來的一切。

傷痛關乎心與靈魂。為你的失落傷痛吧！讓傷痛進入你，用時間與傷痛共處。至於痛不痛苦，那是你的選擇。別忘了，你是從生命大戲的中場穿插進來，又從中場離去，你摯愛的人也不例外。但**愛永遠不死，靈性也從不知失落為何物**。

既然失落的體驗是你的想法塑造的，那麼你何不讓自己的傷痛體驗充滿愛與溫柔呢？而且別忘了，破碎的心，同時也是一顆敞開的心。

讓你的想法為你的悲傷帶來希望，並用智慧來選擇思想。要對自己仁慈，用愛來看待你的失落。如果你因摯愛的人過世而傷痛，那麼要記得，他們在世時你有多麼愛他們；並且要知道，他們離開後，你還是會繼續愛他們。你永遠有能力從傷痛走向平安。

結束，其實也是一種開始。我們希望你不僅在遭逢失落時善用本書的肯定語和教導，我們同時也鼓勵你在生活中的每個層面運用它們。注意你的思維，並改變那些你覺得沒有平安的地方，如此一來，你便能為自己的人生及身邊的人帶來更多的快樂。

人生的困境提醒我們，我們的種種關係都是生命的禮物；人生的失落則提醒我們，生命的本身就是一項禮物。

別忘記愛自己，因你值得擁有愛。你是一份禮物。

我愛生命，生命也愛我。

我活過、愛過。

我已經療癒了。

致謝

——公開自己的絕望、失落和傷痛，讓我們得以幫助其他人學習、成長。

我們要由衷感謝這些年來，所有在演講與談話中、以及透過無數電子郵件和對話分享他們人生故事的朋友。由於他們公開自己的絕望、失落和傷痛，我們才得以透過這些有挑戰性又溫柔多情的經驗，幫助其他人學習、成長。

我要向負責指導本書的雷德・崔西（Reid Tracy）致上特別的謝意，也謝謝夏倫・麗翠爾（Shannon Littrell）出色的文字編輯。感謝賀氏書坊的同事及朋友們的全力付出，使本書得以臻至完美。

書，就像人一樣，需要眾多的支持。最後我們要感謝ＷＭＥ的愛琳・馬隆（Erin Malone）、安翠亞・凱根（Andrea Cagan）、保羅・鄧尼斯頓（Paul Denniston）、理查・凱斯勒（Richard Kessler）、小大衛・凱斯勒（David Kessler, Jr.）和殷蒂亞・威廉森（India Williamson），非常謝謝你們。

心靈成長系列 180

療癒破碎的心

You Can Heal Your Heart—finding peace after a breakup, divorce, or death

作　　者｜露易絲・賀（Louise L. Hay）&大衛・凱斯勒（David Kessler）
譯　　者｜謝明憲
執行編輯｜陳莉苹
主　　編｜王芳屏
經　　理｜陳伯文
發 行 人｜許宜銘

出版發行｜生命潛能文化事業有限公司
聯絡地址｜台北市信義區 (110) 和平東路3段509巷7弄3號B1
聯絡電話｜(02) 2378-3399
傳　　真｜(02) 2378-0011
郵政劃撥｜17073315（戶名：生命潛能文化事業有限公司）
E-MAIL｜tgblife@ms27.hinet.net
網　　址｜www.tgblife.com.tw
郵購單本九折，五本以上八五折，未滿1000元郵資60元，購書滿1000元以上免郵資

總 經 銷｜吳氏圖書有限公司・電話｜(02) 3234-0036
內文編排｜菩薩蠻電腦科技有限公司・電話｜(02) 2917-0054
印　　刷｜承峰美術印刷・電話｜(02) 2225-7055
版　　次｜2015年7月1日初版
定　　價｜280元

ISBN：978-986-5739-41-6

國家圖書館出版品預行編目(CIP)資料

療癒破碎的心／露易絲・賀（Louise L. Hay）&大衛・凱斯勒（David Kessler）著；
謝明憲譯. -- 初版. -- 臺北市：生命潛能文化，2015.7
面；公分. --（心靈成長系列；180）
譯自：You Can Heal Your Heart—finding peace after a breakup, divorce, or death
ISBN 978-986-5739-41-6（平裝）
1.心理創傷　2.心理治療

178　　104009027

讓生命潛能 帶你探索心靈世界的真、善、美
Life Potential Publishing Co., Ltd